U0553400

随波逐流

日本企业与失去的三十年

[日]伊丹敬之——著

韩涛 曾睿然 译

漂流する日本企業

どこで、なにを、間違え、迷走したのか？

机械工业出版社
CHINA MACHINE PRESS

图书在版编目（CIP）数据
随波逐流 ：日本企业与失去的三十年 /（日）伊丹敬之著 ；韩涛，曾睿然译. -- 北京 ：机械工业出版社，2025. 2. -- ISBN 978-7-111-77627-7
Ⅰ. F279.313.9
中国国家版本馆 CIP 数据核字第 2025TU2878 号

机械工业出版社（北京市百万庄大街 22 号　邮政编码 100037）
策划编辑：顾　煦　　责任编辑：顾　煦　戴樟奇
责任校对：赵　童　马荣华　景　飞　　责任印制：任维东
北京科信印刷有限公司印刷
2025 年 6 月第 1 版第 1 次印刷
147mm × 210mm · 9.5 印张 · 1 插页 · 157 千字
标准书号：ISBN 978-7-111-77627-7
定价：69.00 元

电话服务　　网络服务
客服电话：010-88361066　机　工　官　网：www.cmpbook.com
010-88379833　机　工　官　博：weibo.com/cmp1952
010-68326294　金　书　网：www.golden-book.com
封底无防伪标均为盗版　机工教育服务网：www.cmpedu.com

|序　　言|

日本企业经营中的种种弊端

设备投资竟然少于股票分红?

自 1991 年泡沫经济破裂以来，日本企业历经了所谓“失去的三十年”。本书试图对这一时期的日本企业进行全景式鸟瞰，而观察的结果便是本书的书名。

可以说，日本的企业在这 30 年里经历了各种惊涛骇浪。虽然它们也努力尝试采用各种方法加以应对，但这种应对在很大程度上并不是凭借坚定的意志有目的地朝着某个方向前进，而是在汹涌的浪花中被动地“随波逐流”。

本书基于数据分析，为此我调取了自 1975 年以来日本财务省的法人企业统计调查数据库（以下简称“法人企业统计调查”，第 1 章将对这一数据库进行详细介绍），对日本企业的经营展开分析。在分析过程中，我发现了许多令人震惊的事实。这些事实不禁让人感叹“日本企业的经营模式太匪夷所思了”。其中最令我震惊的一点，将在序言中首先介绍。

本书所使用的这些基础数据都是公开透明的，或许有人早就发现了这些令人惊讶不已的事实。不过，我想大多数人可能还不太了解，因为就连我这样的研究日本企业经营的专业人士对此也是闻所未闻。

就比如说，日本大企业（指注册资本超过 10 亿日元的企业）的设备投资与股票分红之间的比率问题（哪一个占比更大）。就企业成长的一般常识而言，设备投资应该远大于对股东的股票分红才合乎常理。直到 20 世纪 90 年代，日本大企业的设备投资都远大于股票分红。

然而，进入 21 世纪以后，这样的常识逐渐为人们所抛弃，日本大企业的经营模式开始发生转变，并且转变的态势与日俱增。直到 2021 年，日本大企业的股票分红金额终于前所未有地超过了设备投资金额。

为了能更加清楚地观察到这一变化趋势，表 0-1 分别列出了 2001 年、2011 年、2021 年的相关数值。

表 0-1　大企业的设备投资与股票分红

年度	设备投资（万亿日元）	股票分红（万亿日元）	设备投资与股票分红的比率
2001	20.4	3.1	6.58
2011	18.2	8.7	2.10
2021	21.2	22.2	0.95

注：设备投资与股票分红的比率＝设备投资 ÷ 股票分红。

资料来源：法人企业统计调查。

在这 20 年里，日本大企业的设备投资金额总体保持在 20 万亿日元左右，几乎没有变化。当然，我们也可以将其视为设备投资的相对滞后。这种滞后本身就是妨碍企业成长的症结所在。相较于此，股票分红的急剧膨胀才是更加严重的问题。在这 20 年里，股票分红金额大约增加了 6 倍之多。

从 2001 年开始，日本大企业的设备投资与股票分红的比率急剧下降。就在企业限制设备投资的同时，股票分红却在逐年增加。2001 年这一比率为 6.58，而到了 2011 年则下降至 2.10，骤降至约原来的 1/3。

这一趋势在接下来的十年里并未停止，到 2021 年甚至跌至 0.95。这意味着日本大企业的股票分红金额首次超过了设备投资金额，这是日本自二战结束以来首次出现的情况。（日本财务省发布的 2022 年度法人企业统计调查数据，显示日本大企业的设备投资金额与股票分红金额之间的差距进一步扩大。股票分红达到了 24.6 万亿日元，而设备投资仅为 22 万亿日元。）

这太令人匪夷所思了。在这种情况下企业怎么能成长呢？

正如本书的标题所示，我将这一问题称为“随波逐流”。关于“随波逐流”的含义我会在后文进行详细阐释。

造成“随波逐流”的重要原因，我认为是日本的公司治理改革。在前文的表 0-1 中我们整理了 2001 年（即 21 世纪第一年）的数据，或许是偶然，这一年恰好是日本公司治理改革的元年。

因为就在前一年（即 2000 年）的 8 月份，在日本首相官邸举行的产业再生会议上，以当时索尼董事长兼 CEO 出井伸之为代表的改革派提出了包括修改公司法在内的公司治理改革方案，拉开了日本企业全面学习美式管理方式的改革序幕。紧接着，到了第二年（即 2001 年），各大媒体便开始大肆报道公司治理改革的相关问题。

在 2001 年之前的 20 世纪 90 年代，日本大企业的设备投资金额与股票分红金额比率大多超过 2001 年的 6.58（比如，泡沫经济时期这一数值是 10）。我们可以这样理解，在 20 世纪 80 年代的稳定增长期，日本的企业正好进行了大约相当于这个倍数（6.58）的设备投资，或者说它们将股票分红压低到了这个程度。

也就是说，自 2001 年以来，日本大企业的经营模式与稳定增长期时有了很大不同，并且在 2008 年次贷危机爆发之后，这种变化开始加速。

在第 1 章中，我将对数据进行详细解读。我认为，2001 年左右的那段时间正是日本企业经营模式改变的拐点。其实，我当时已经察觉到了蛛丝马迹，于是便在 2000 年出版了《不要误判经营的未来》（日本经济新闻社）一书。我认为日本企业向美式经营模式的转变所带来的影响是负面的，我在这本书中详细论述了这一问题。

遗憾的是，我的呼声似乎并未引起日本大企业的警觉。它们仍朝着重视股东、相对轻视员工、减少包括设备投资在内的各种投资大踏步前进。

的确，自 2001 年以来，日本企业的利润率，不论是大企业还是中小企业，都得到了大幅改善。然而，问题是**利润增长的受益主体主要是股东，这难道是企业成长的正确方式吗？限制设备投资、海外投资和人才投资，持续增加分红以及降低员工薪酬、优待股东的经营模式，这真的是日本企业未来应该走的正确之路吗？**

本书要探讨的最核心的问题便在于此。

幸运的是，正如我们将在后续章节论述的那样，日本中小企业的经营相对稳健。从数据来看，2021 年日本中小企业的设备投资和股票分红金额分别为 23.6 万亿日元和 7.7 万亿日元，前者是后者的 3.06 倍。这一比率即便跟 2011 年的日本大企业相比也毫不逊色。可以说，日本的中小企业对于投资的态度更加积极。

以 17 年为一个周期的宏观变动

自泡沫经济破裂的那一年（1991 年）算起的 30 年里，日本企业的经营环境发生了巨大的变化。仅重大事件就包括 1991 年泡沫经济的破裂、2008 年的次贷危机、2011 年的东日本大地震等。这些事件使日本的经营环境发生了巨变。此外，2020 年暴发的新冠疫情也造成了不小的冲击。

面对这些宏观层面的巨变，日本企业必须调整经营方式加以应对。现在回头来看，当时日本企业的许多应对措施都不尽如人意（下一节我将介绍日本企业犯的两大错误），我在本书中将这些应对措施归纳为“随波逐流”。不过，需要认识到的是，在所谓“随波逐流”的背后，实际上是宏观经济的剧烈变动，这种巨变造就了日本企业“随波逐流”的土壤。

日本企业确实存在着经营策略上的错误，但与此同时我们也必须承认，之所以会产生这些错误行为，与其背后带有半强迫性的历史推力密不可分。不承认这一点，便是对日本企业的不公。从这个意义上讲，日本企业的经营绝非一件易事。

本书试图从这样的宏观视角来思考日本企业的经营方

式。因此，不仅仅是“失去的三十年”，我将进一步延伸历史的视角，回溯二战后日本宏观经济剧烈变动的历史。

二战结束之后，日本经济于 1956 年迎来了高速增长期，从那一年起到 2021 年的日本经济增长率（实际 GDP 增长）如图 0-1 所示。横轴以会计年度为单位（非自然年）。

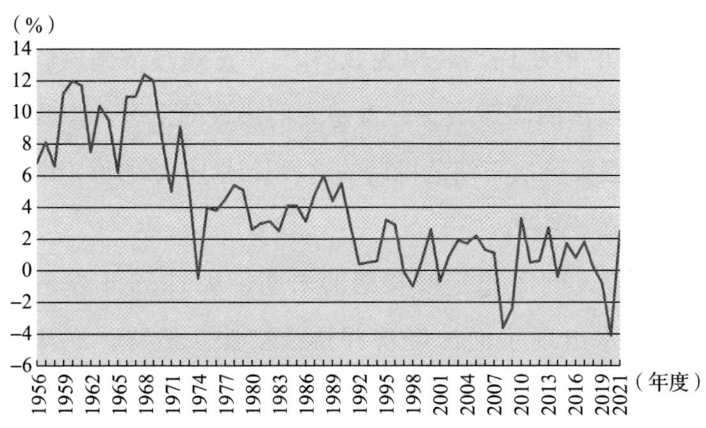

图 0-1　实际 GDP 增长率

资料来源：政府 GDP 统计。

从图 0-1 中不难发现，日本的经济增长率前后共有三次遭遇大幅下降。第一次是在第一次石油危机（1973 年），第二次是在泡沫经济破裂（1991 年），第三次是在次贷危机（2008 年）。在这些年份之后的一年或两年里，日本的经济增长率开始急剧下降。

第一次石油危机爆发时，1974 年的经济增长率从 1973 年的 5.1% 骤降至 -0.5%，这是日本经济长期以来经历的首次负增长。而在此之前的 17 年里，日本经济高速增长期的平均增长率高达 9.1%。这是一次剧烈的变动。

此后，日本经济从 1975 年开始逐渐恢复，并迎来持续了近 16 年的稳定增长期，一直到 1990 年。在此期间日本 GDP 的平均增长率为 3.8%。在宏观经济领域，日本战后经济的高速增长一直是人们热议的话题，但我认为，克服第一次石油危机后的这段长达 16 年的稳定增长期同样值得关注。

然而，到了稳定增长期的末期，从 1989 年左右开始，日本出现了泡沫经济并持续膨胀。最终，泡沫在 1991 年破裂，1992 年的增长率大幅下降至 0.4%。

泡沫破裂后的日本经济复苏乏力，相较于第一次石油危机后的稳定增长，这一时期的日本经济只能实现不稳定的低速增长。尽管如此，2002 ～ 2007 年，日本经济还是慢慢恢复到了 2% 左右的增长率。这就是从 1995 年到 2007 年长达 13 年的经济低速增长期。

但是，2008 年的次贷危机再次将日本经济推入谷底。2008 年和 2009 年的日本经济增长率分别为 -3.6%

和 -2.4%，这是日本经济史上未曾经历过的严重衰退。此后，自 2010 年起，日本经济有所回升，但也仅仅恢复到次贷危机之前低速增长期的水平。

正如我们在第 2 章和第 3 章中分析的那样，正是在这次次贷危机后的复苏期，日本企业开始倒向重视分红的经营模式，即便利润率有所恢复，各类投资也被限制在一个较低的水平。日本企业“随波逐流”的态势越发严重。

2020 年新冠疫情暴发后，日本经济增长率骤降至 -4.1%，这是自二战后日本所经历的最严重的一次负增长。我认为，这与此前日本企业的“随波逐流”不无关系。

如果列举出这些引发宏观变动的事件发生的年份，我们会惊讶地发现，1973 年、1991 年和 2008 年几乎都相隔近 17 年。不仅如此，从 1956 年的经济高速增长期开始到第一次石油危机（1973 年）也是间隔 17 年。

因为新冠疫情是国际性的公共卫生突发事件，并不属于经济的范畴，因此我们将其排除在外。于是，我们可以发现自经济高速增长期以来，日本经济几乎每隔 17 年就会经历一次由经济大事件引发的宏观变动（经济增长率大幅下降）。

为什么恰好是 17 年呢？原因尚不明确。不过，如果我们从历史的角度来看，或许一个经济周期的长度大致就是这么长。而每个周期的结束，都是由不同的经济大事件来画上句号。

石油是不可或缺的能源，其价格的急剧上涨导致了石油危机的爆发，给全球经济带来了巨大冲击。而日本国内资产价格的暴跌和大量不良债权的产生导致了泡沫经济的崩溃，深刻改变了日本经济的格局。至于次贷危机，起因虽然是美国住房贷款泡沫的破裂，但它的连锁反应导致了全球金融系统的功能性停滞和全球需求收缩。这无疑是全球性的经济大事件。

两大错误

这些宏观层面的大变动对日本企业经营者的经营心态和企业行为产生了怎样的影响呢?

我们将在第 1 章详细讨论这一问题。简言之，日本企业的经营者们由于经营心态的变化而做出的调整与应对，犯了“两大基本性错误”。关于其内容，我将在第 1 章及后续章节中展开分析。

这两大错误可以总结如下：

（1）在具体的经营行为上，大幅增加了股票分红而限制了投资。

（2）在经营的基本理念上，没有深入思考自身的经营原则。

第一个错误（具体的经营行为）还包括限制人工成本，即压低对员工的经济分配比例。也就是说，日本企业的经营变成了重视股东而轻视投资和员工的模式。

或许，这些行为并非出于本意，而是被重大宏观变动的潮流和当时的社会趋势所裹挟。然而，“被裹挟”本身其实正是第二个错误。

也就是说，他们没有深入思考自己一直以来的经营原则。是什么支撑着二战以后日本企业的腾飞？日本又是凭借着什么度过二战后的凋敝、克服石油危机？更进一步说，**他们忘记了自己的经营原则，而转向了美式经营原则**。

我想，这可以被称为**原则的随波逐流**。重视员工、维系稳定的人际网络是经营的关键（我称之为“人本主义”，这一概念将在后续章节中详细解释），而他们却与这一原则渐行渐远。

他们的经营行为虽然在不断变化，但这并不是出于其坚定的个人意志，而是被潮流裹挟做出的被动决定。这就是所谓的“随波逐流”。

日本企业应该尽早纠正这样的错误，并做好准备以应对下一次宏观层面的大变动。因为我预计下一次重大宏观变动可能很快就会到来。

假设次贷危机后的经济复苏和低速增长周期（2023年的日本正处于这一历史阶段）仍是17年的话，那么可以预测的是，结束这一时期的经济大事件很可能在2025年左右发生。

更令人不寒而栗的是，这个2025年可能发生的全球经济大事件已经有了几个备选项，世界各地潜伏着各种可能爆发的危机。日本企业能否做好准备以应对2025年左右可能发生的重大宏观变动？能否纠正前文所提到的两个错误行为，在即将到来的重大宏观变动前调整经营方向？

我希望这些重大宏观变动的负面影响不会对日本企业产生严重的冲击，更希望担心的危险不会成为现实。后文的分析和建议都建立在这样的希望之上。

非常可惜

就在撰写本书、探究日本企业在“失去的三十年”中的经营行为时，我有一种强烈的感受，用一句话来概括就是：“非常可惜，真是太可惜了。”

这里有两个“可惜”。

第一，在过去，面临着各种重大宏观变动之际，日本企业本有着合理的、经实践检验过的“良好经营原则”。

这些原则本是巨大的财富，应该继续保留，却被抛弃了，实在是令人感到可惜。这种原则的随波逐流，不得不说是一种遗憾。

第二，虽然日本经济一直被戏谑为低速增长，但从宏观视角来看，日本依然有着很大的发展潜力。如果不能有效地激发出这些潜力，实在是令人感到可惜。同时，意识到日本尚存如此巨大潜力的人并没有那么多，这一点也实在可惜。

关于这种潜力，主要指的是日本的高质量社会和微观经济的高质量发展。关于这些内容我将在终章进行讨论。如果我们能意识到这种潜力，并努力去最大限度地发挥这些潜力，日本企业的复兴不无可能。而如今我们却并未重视这一点，实在是可惜。

某种意义上讲，2001 年之后，尤其是经历过次贷危机的日本企业，就像日本童谣《金丝雀》中“忘了歌唱的金丝雀”那样，它们似乎忘记了自己最擅长的事情，不论是在具体的企业经营行为方面，还是在经营原则方面都是如此。

所以，我们需要回忆起我们曾经最擅长的本领。

这就是我在终章以“忘了歌唱的金丝雀”为标题的原因。

目　录

序　言　日本企业经营中的种种弊端

第 1 章　随波逐流的示意图　1

通常情况下日本企业即使不景气也不轻易裁员　2

劳动生产率微增，但设备投资增长停滞　7

四个时期中投资与生产率的联动关系　11

利润率却有所提升　15

越积越多的自有资本与手头流动性　19

泡沫破裂对经济造成的冲击　23

泡沫破裂留下的心理创伤与日本企业的随波逐流　26

泡沫经济后的金融危机与银行系统的大重组　28

次贷危机带来的二次冲击　31

大企业仍在不断增加分红　35

第 2 章　重大战略失误——过度限制投资　41

对三类投资的过度限制　42

过度限制设备投资 46
现金流未被充分利用，设备投资遭到限制 50
银行系统功能失调? 53
过度限制海外投资 55
日本企业全球化的滞后 59
被汇率牵着鼻子走的 30 年 62
海外派遣人才的匮乏 66
对人才投资的过度限制 70
数字人才投资显著落后 75

第 3 章 **资金流向了股票分红** 83

限制投资省下来的钱去了哪里 84
现金流流向了何方 88
分析附加值分配的意义 93
日本企业的附加值分配模式 96
大企业和中小企业在附加值分配上的显著差异 100
银行作为资金提供者的存在感极低 106
为何大企业对股东的分红变得如此之多 109
政府主导的公司治理改革与激进投资者的动向 113
股市作为融资平台并未充分发挥作用 117
被空气支配的行为? 120

第 4 章 **限制投资和重视分红所导致的恶性循环** 123

限制设备投资带来的直接冲击：资本逻辑 124

即便限制设备投资，利润率也能提高？ 129
限制海外投资和人才投资带来的直接冲击 130
重视分红所引发的恶性循环 135
人才逻辑下限制投资的负面影响 139
限制投资的受害者——日本半导体产业 142
次贷危机后，日本企业开始陷入恶性循环 145
日本是最大的受害者，次贷危机让日本坠入地狱 148
缺乏自信的企业经营者只好向员工“撒娇” 153

第 5 章 **放弃员工主权开始随波逐流的日本企业** 159

何谓放弃员工主权开始随波逐流 160
隐藏在股份制公司中的根本矛盾 165
股东主权是二层，而员工主权是一层和二层之间的夹层？ 170
员工参与治理的正当性 174
德国与日本：两种不同的“员工主权夹层” 178
员工主权的经济合理性：公平性 184
员工主权的经济合理性：组织效率 187
“员工主权夹层”的陷阱 190

第 6 章 **基恩士凭借员工主权的经营模式取得长足发展** 195

尚未跨过卢比孔河的日本企业 196
基恩士——惊人的成长势头与卓越的经营效率 201
基恩士的员工主权经营 205

公司治理改革的差等生？ 211
公司内部的管理原则 215
基恩士的人本主义经营：分散分配 220
基恩士的人本主义经营：共同体式的市场交易 223
双重结构并行的困难 227

第 7 章 停止原则的随波逐流，开始大规模投资 231

坚持原则的基恩士——“野生的梭子鱼” 232
为什么会发生原则的随波逐流 236
造成原则随波逐流的土壤和压力 240
将限制投资扭转为优势 246
通过扩大投资激活人才逻辑 251
数字投资的目标是与传统相结合 254

终　章 忘了歌唱的金丝雀 259

日本企业遗忘的乐章 259
建立对员工主权的保障机制 263
日本的巨大潜力：高质量的社会 268
日本的巨大潜力：高质量的微观经济 272
对经营者的期待 276

后　记 281

第 1 章

随波逐流的示意图

通常情况下日本企业即使不景气也不轻易裁员

正如我在序言中所指出的那样，在宏观经济大变动的历史浪潮下，**日本企业在“失去的三十年”里开始了随波逐流**。在此期间，日本企业的整体情况如何？具体是如何随波逐流的？让我们一起回首这三十年的历史，绘制一幅巨大的随波逐流示意图。

为了绘制这幅示意图，我将主要使用日本财务省的法人企业统计调查数据库（它涵盖了 1975 ～ 2021 年的数据）。这样的数据库即便放眼全球也十分罕见，它是基于日本财务省财务综合政策研究所向日本企业索取的财务数据创建而成的。

这个数据库的调查企业数量在 1975 年约为 120.8 万

家，到了 2021 年，大企业（注册资本超 10 亿日元）数量有 4 807 家，中小企业的数量约有 288 万家，可以说几乎涵盖了日本所有的法人企业。虽然调查是以样本调查推算母体数值的方式进行的，但大企业是全数调查。所有调查对象的回答率高达 73%，大企业的回答率更是达到 89%。

因此，如果我们想把握日本企业的全貌，这是一个绝佳的数据库。在接下来的分析中，我们不仅会追踪日本企业总体的基本状况，还会对大企业和中小企业的数据进行分类分析。顺便提一下，从 2021 年度的数据来看，中小企业的销售额占日本企业总销售额约 62%，存在感有所上升。

在这个数据中，**我们首先应该看到的问题是，日本企业成长的停滞**。虽然从宏观经济低迷的角度来看这是可以预见的，但日本企业成长的停滞甚至比宏观经济的状况还要糟糕。

图 1-1 展示了日本企业整体的销售额和员工数量 46 年里（1975 ～ 2021 年）的变化。由于销售额是用货币单位来表示的，所以会受到通货膨胀或通货紧缩的影响而产生误差。为了排除这些误差，这里使用了 GDP 平减指数对数据进行了实质化处理。换句话说，这 46 年里由通胀造成的数据误差已经被完全消除。

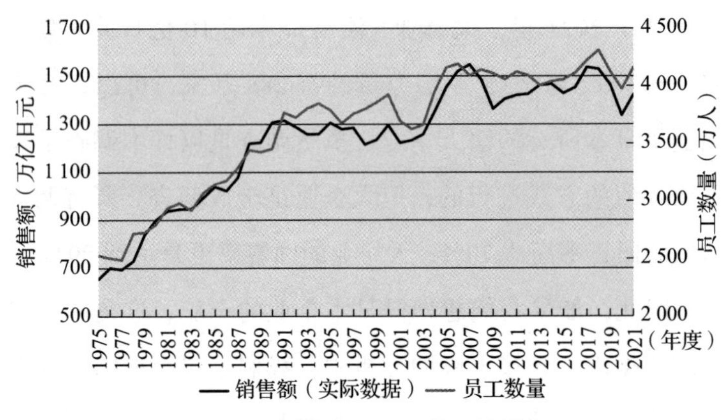

图 1-1　销售额与员工数量的增长

资料来源：法人企业统计调查。

在泡沫经济破裂后的十多年里（1991 ～ 2001 年），日本企业的销售额再难成长，呈现出下降的趋势，之后直到次贷危机爆发之前，销售额才有所恢复。但在次贷危机这场重大宏观变动之后，又迎来了大幅下滑，这次的跌幅甚至超过了泡沫经济破裂的时候，这也反映出这场次贷危机的严峻性。在次贷危机之后，日本企业的销售额逐渐恢复了缓慢增长的趋势，但随后在新冠疫情的冲击之下再度迎来大幅下滑。

尽管有回升的时候，但我们还是不得不说，**日本企业已经陷入了成长停滞。如果将 2021 年日本企业的销售额（约 1 400 万亿日元）与泡沫经济破裂前夜（即稳定增长期的最后阶段）的销售额（约 1 300 万亿日元）相比，金额仅**

增加了 100 万亿日元，增幅不到 8%。从 30 年这样一个时间跨度来看，这样的增长幅度实在是微乎其微。30 年前经济稳定增长期时迅猛发展的日本企业在今天看来就好像是天方夜谭一般。

在我看来，宏观经济虽然持续低迷，但一直保持着低速增长，而日本企业成长的乏力与之相比则显得更为糟糕。这是因为宏观经济的一部分增长（最近甚至是相当大的一部分）依靠着政府财政赤字（发行国债）作为支撑。如果从宏观经济的增长中减去政府支出的部分，将民间企业的增长贡献赤裸裸地呈现出来，就会发现日本企业早已停滞不前。

然而，从员工数量来看，情况却有所不同。**泡沫经济破裂时期，日本企业雇佣的员工数量约 3 500 万人，到 2021 年增长到了约 4 100 万人，增加了约 600 万人，30 年里增长率高达 17%。**其间，日本的总人口几乎没有变化，但劳动参与率有所增加。也就是说，日本企业整体上满足了日本社会的工作需求。

但**这种雇佣的增加，是在销售额停滞不前的情况下实现的。**也就是说，日本企业在蛋糕没有做大的情况下将利益分摊给了更多的人。如此一来，日本工资水平的长期低迷也就不难理解了。

从这个简单的图中我们还可以解读出另一个有趣的事实。那就是，**即使不景气，日本企业也不会轻易裁员，这46年都是如此**。

在泡沫经济破裂后，日本企业的销售额减少了，但员工数量反而略有增加。

比如，1991～1993年，日本经济从巅峰跌入谷底，日本企业的销售额从1 316万亿日元大幅减少到1 259万亿日元，但员工数量却从3 767万人略增至3 805万人。

同样，在经历了次贷危机后，日本企业的销售额急剧下降，但其雇佣的员工数量在之后的几年里却几乎保持不变。新冠疫情期间仍是如此，虽然销售额在短时间内大幅下降，但员工数量减少的幅度却远低于销售额的下降幅度。

宏观层面的重大变动造成了经济的混乱和市场的不景气，但即便如此，日本企业仍坚持不裁员，这一做法在46年里一以贯之。

在泡沫经济开始前的1987年，我出版了《人本主义：变化的经营、不变的原理》（筑摩书房）一书，在书中，我对当时盛行的“日式管理已经过时，应向美国管理模式学习”这一风潮提出了不同意见。

二战后日本企业之所以获得成功，原因之一便在于“重视人际网络关系”这一原则，我认为这个原则不应该被抛弃。于是，我便创造了“人本主义企业”这一术语，意指“以人为本”的企业经营理念。比起以资本网络为基础的资本主义式的管理，我认为日本应继续坚守这种“以人为本”的管理方式。

此后，我一直坚持人本主义才是日本企业应有的样子。尽管这看起来像是一个顽固老人的主张，但正如我在本书后半部分详细说明的那样，如果深入探讨这一原则，你就会发现：“**人本主义具有很强的经济合理性，但需要严格的经营管理来保障**。”这种主张绝不仅是对日本黄金时代的美好怀念。

然而，我的这种主张常常遭到反驳：“时代已经变了，日本的雇佣状况也已经变了。”但从图 1-1 中销售额和员工数量的变化情况来看，**即使在不景气的时候，日本企业也不会轻易裁员**，这难道不一直是大部分日本企业的做法吗？

劳动生产率微增，但设备投资增长停滞

在企业成长的机制中，究竟是什么没有发挥作用，才导致日本企业停滞不前呢？让我们通过数据进行全景式鸟瞰。

不论是企业的成长还是国家的经济发展，设备投资都是一种经典的方式。它通常会带来两种增长效应。

第一，它将提升现有产品的供应能力。如果能够合理把握这种供应能力的提升（通常它还会伴随成本降低），就能够促进销售额的增长。第二，设备投资可以推动新技术的应用、开拓新的业务，不仅仅只是提升现有产品的生产能力，它还有助于创造出具有更高附加值、更有吸引力的新产品，拓展新的业务。

不论是哪种方式，设备投资带来的都不仅仅是企业销售额的增长，还会提高企业所创造的附加值。

附加值的计算公式为：

附加值 = 销售额 − 向外部支付的成本

这是衡量企业在市场经济中所创造经济价值的最基本指标。向外部支付的成本指的是除了人力成本外，从外部购买的各种物品和服务的支出。

具体来说，企业先从外部购买各种原材料、物品或服务作为投入，然后在企业内部根据这些投入，生产出可在外部市场销售的产品或服务，最后通过在外部市场销售这些产品或服务，企业可以获得销售收入。

从外部购买这些物品和服务的支出与销售收入之间的差额，就是企业在市场经济中所创造的经济价值。

值得注意的是，计算附加值时，之所以不将支付给员工的薪资算入“向外部支付的成本”，是因为员工是企业的内部人员，他们是将投入转化为产出的必不可少的一环。

实际上，被称为 GDP（国内生产总值）的这一衡量国家经济规模的指标，就是一国经济活动中所创造的附加值总量。“生产”指的是附加值的生产。图 0-1 中所展示的正是 GDP，即一国附加值的增长率。

在一个国家内从事生产的人员当然是附加值生产活动中的“内部人员”。他们在这个过程中是不可或缺的环节。这与企业员工是企业在从事附加值生产活动中不可或缺的内部人员，意义完全相同。

当然，为了使企业这个经济组织能够创造出附加值，资本也是必不可少的。除了员工，资金（资本）也是附加值生产的必需品。例如，没有设备就无法生产产品或提供服务，而购买这些设备当然需要资金。企业会计所计算的利润，指的是企业创造的附加价值分配给资本提供者的原始资金。

即，利润的计算公式为：

利润 = 附加值 - 人力成本

这个公式定义了附加值中应归属于资本提供者的部分。人力成本即附加值中应分配给员工（劳动者）的金额。扣除分配给劳动者的部分后，剩余的部分就是分配给资本提供者的原始资金。

资本回报的形式包括两种：对于以贷款形式提供资本的银行予以利息支付，对于不要求偿还资本金的股东予以分红。之后，剩余未分配的部分会留在企业内部，称为内部留存。

关于日本企业的利润分配情况，我将在下一节中展开更为详细的描述，本节主要讨论的是日本企业的设备投资以及与其密切相关的劳动生产率（员工的人均附加值）的问题。

如图 1-2 所示，劳动生产率是衡量企业附加值生产效率的重要指标（国家的劳动生产率则是人均 GDP）。图 1-2 中，运用 GDP 平减指数对劳动生产率和设备投资的数据进行了实质化处理。

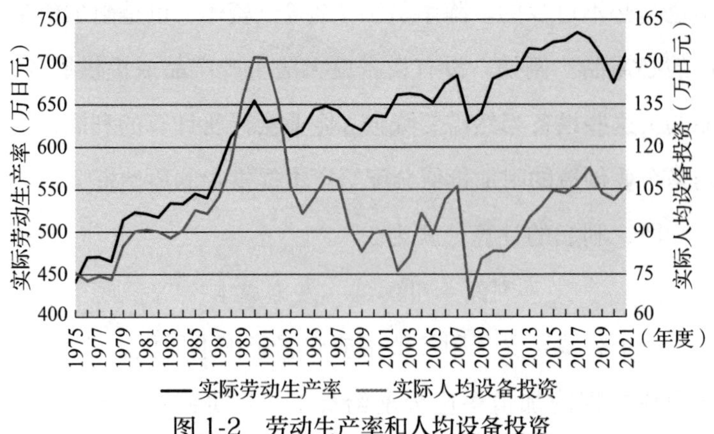

图 1-2　劳动生产率和人均设备投资

资料来源：法人企业统计调查。

在图 1-2 中我们可以看到，劳动生产率在泡沫经济破裂之前的一段时期迅速上升（即效率大幅提高），但泡沫经济破裂后陷入了长期低迷（虽有微增但增长缓慢）。

图 1-1 展示了日本企业销售额的增长停滞。同样，日本企业的劳动生产率也面临类似的情况，长期停滞不前使得日本企业无法实现成长。这种状况在“失去的三十年”中成为日本企业的常态。

设备投资是刺激劳动生产率的重要途径之一。从这 30 年的数据来看，在稳定增长期日本企业人均设备投资稳步提高，之后在泡沫经济时期迅速扩大，但泡沫经济破裂后，设备投资骤降，次贷危机期间再度大幅减少，之后虽略有恢复，但仅恢复到稳定增长期的水平。

因此，在泡沫经济破裂后，日本企业劳动生产率增长的缓慢也就有理可循了。在本节的开头我们分析了设备投资对企业成长的影响，日本企业因设备投资不足而无法充分享受增长效应，图 1-2 正是勾勒出了这种情况。

四个时期中投资与生产率的联动关系

如果将图 1-2 分为 4 个时期来进行详细分析的话，我们可以更清楚地看到设备投资与劳动生产率之间的联动关系。

这 4 个时间段在本书接下来的分析中还将多次提到，即：

第一个时期：稳定增长期至泡沫经济破裂前夜（1975 ～ 1990 年）。

第二个时期：泡沫经济破裂到日本银行体系重组（1991 ～ 2001 年）。

第三个时期：次贷危机前的低速复苏期（2002 ～ 2008 年）。

第四个时期：次贷危机后的中速复苏期（2009 ～ 2021 年）。

在第一个时期（泡沫经济破裂前），日本企业的劳动生产率从 441 万日元大幅上升至 656 万日元。同时，人均设备投资也从 76 万日元大幅增加至 152 万日元。这一时期，日本企业形成了良性的成长机制：设备投资增加，生产率提高，从而又为下一轮的设备投资提供了资金支持。

不过，如果单看泡沫经济时期（1988 ～ 1991 年），不难发现那几年设备投资就如同攀登马特洪峰一般直线上升，但也正因如此，泡沫经济破裂后，设备投资也呈现了直线下降的趋势。不可否认的是，这种直线上升式投资增长的背后，可能包含着大量的无效投资。不过，即便在泡沫经济破裂后，设备投资出现了直线下降，日本企业的生产率也只是小幅下滑。

在泡沫经济破裂后的 10 年里，日本都难以走出它的阴影。具体来说，象征性事件就是 1998 年日本的银行业因处置不良贷款而引发了金融危机，随后，日本的银行体系于 2001 年开始进行大规模重组。10 家都市银行[㊀]合并为 4 家银行集团。

在第二个时期的 10 年里（1991 ～ 2001 年），日本还处在一个对泡沫经济的反思期，因此日本企业的设备投资仍在不断下降，生产率也持续低迷。1991 年的劳动生产率为 629 万日元，而到了 2001 年这个数值几乎没有变化，为 636 万日元。

但进入第三个时期（2002 ～ 2008 年），日本企业的设备投资意愿开始逐步回升，生产率也随之恢复。到了次贷危机之前的 2007 年，劳动生产率恢复至 684 万日元。

然而，次贷危机给日本企业带来了巨大的负面冲击，这时设备投资额的下滑幅度虽不及泡沫经济破裂之后，但仍称得上是大幅下跌，而生产率的下降幅度甚至超过了泡沫经济破裂后的下降幅度。

我们可以列出数据，2008 年劳动生产率为 629 万日元，但仅一年之后，这一数值就下降了 55 万日元（同比下

㊀ 以大城市为基础的全国性商业银行。——译者注

降 8%）。此外，自 2008 年 9 月次贷危机爆发后，日本的工业生产指数在 9 个月内犹如自由落体一般跌入谷底（详见第 4 章中的图表）。

进入第四个时期，从 2009 年开始，日本企业的设备投资重新回归到大幅上升的轨道之中（规模类似于第一个时期），生产率也迎来了中速复苏。这一时期，生产率的增长态势与稳定增长期（泡沫经济破裂前）相似。

然而，人均设备投资的绝对水平仅仅只是恢复到了泡沫经济破裂前的水平，投资仍旧未能活跃起来，投资低迷的长期负面影响仍未完全消除。

此外，令人扼腕的是，就在第四个时期的尾声，新冠疫情暴发了。受其影响，生产率和设备投资短时间内相较于 2019 年均出现了大幅下滑，虽然之后有所恢复。

如前所述，设备投资回升缓慢意味着技术创新成果的应用速度放缓，这也就直接导致了生产率增长的停滞。

此外，设备投资回升缓慢的负面影响很可能不仅限于生产率增长的停滞。不论是针对技术升级的设备投资，还是单纯以增产为目的的设备投资，最后都会交由一线人员来完成。这个过程也是他们学习新技能、积累实操经验的过程。由此来看，设备投资也直接关系着人力资本的积累，而其长期停滞或许会给日本企业带来难以察觉的负面影响，危及生产一线。在后文中我还会以此为出发点进行更加深入的探讨。

利润率却有所提升

前文提及的设备投资长期低迷问题，并不是由利润率走低导致的。实际上自泡沫经济破裂以来，正如图 1-3 所示，日本企业的利润率长期呈现出显著上升的趋势。

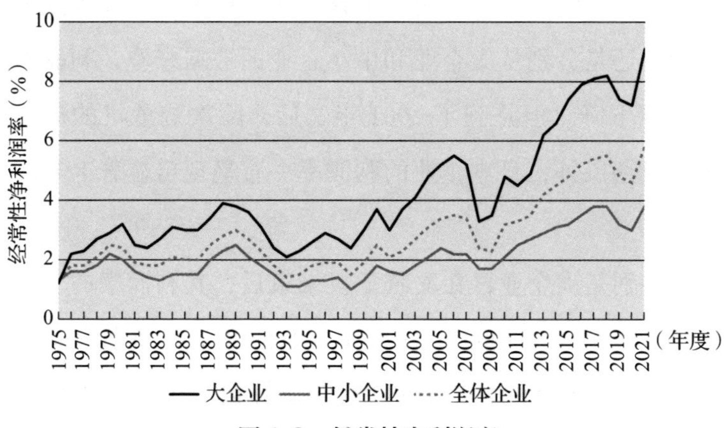

图 1-3 经常性净利润率

资料来源：法人企业统计调查。

图 1-3 分别展示了大企业和中小企业的数据，这种分类方法在后续的分析中也会经常使用，因为这两类企业之间存在着显著的不同。这里的大企业指的是注册资本超过

10亿日元的企业，而中小企业是指注册资本不足10亿日元的企业。全体企业则指的是包括大企业和中小企业在内的所有企业。

在稳定增长期，日本不论是大企业还是中小企业，其经常性净利润率都不高。这是因为这个时期它们的利息支出非常多，因此经常性净利润在支付利息后也就所剩无几了，这一点我们在下一章中还会谈到。

在泡沫经济破裂之前那段时间，日本企业的利润率有所提高，但泡沫破裂之后，不论是从全体企业的整体数据来看，还是分别从大企业和中小企业的数据来看，利润率都大幅下降。但是到了2001年之后，除次贷危机的那一小段时期以外，日本企业的利润率一直呈现出显著上升的趋势。

特别是大企业，在次贷危机结束后，其利润率的上升速度令人惊叹。2009年日本大企业的经常性净利润率为3.5%，而到了2021年，这一数字上升到了9.1%。在同一时期，日本全体企业经常性净利润率的平均水平也从2.3%上升到了5.8%。

然而，图1-3还揭示了另一个事实，那就是大企业和中小企业之间的利润率差距很大。在整个统计期间，大企业的利润率几乎是中小企业的两倍。此外，次贷危机给大企业带来的负面影响更大（利润率约下降 2%），而中小企业受到的影响则较小（仅下降了 0.5% 左右），这也展示了**日本中小企业的顽强韧性**。

事实上，次贷危机后日本企业人均设备投资增长的原因之一就在于利润率的提高。然而，设备投资的增长并没有像利润率的上升那样显著。与稳定增长时期的日本企业相比，次贷危机后的设备投资仍然处于一个较低的水平。

从全体日本企业的平均数据来看，次贷危机后的设备投资（当时的利润率略低于 5%）与稳定增长时期（泡沫经济前）的水平（当时的利润率约为 2%）相当。日本企业在稳定增长期和次贷危机后的设备投资额几乎相同。

参考同一时期的利润率水平，我们可以清楚地得出结论，次贷危机后日本企业在限制设备投资支出。即使在次贷危机之前，日本企业的利润率处于上升阶段时，它们也并未增加设备投资。也就是说，不论是在次贷危机之前还是之后，日本企业都在限制自身的设备投资。

两相对比，我们更能感受到在稳定增长期（泡沫经济前）日本企业巨大的投资热情。尽管当时的利润率不高，但它们仍然进行了大规模的设备投资。

泡沫经济破裂以后，尤其是次贷危机之后，日本企业的利润率虽然有所提升，但并未增加设备投资。这是日本企业劳动生产率未能得到显著提升的一个重要原因。

如果劳动生产率没有得到提高的话，利润率也难继续上升。然而，实际情况却是（特别是次贷危机之后），日本企业的利润率迎来了大幅上升。解开这一谜团的关键在于劳动力成本。请看图 1-4，它展示了日本企业这一时期人均劳动力成本的变化情况。这里使用的是用 GDP 平减指数调整后的实际人均劳动力成本数据。

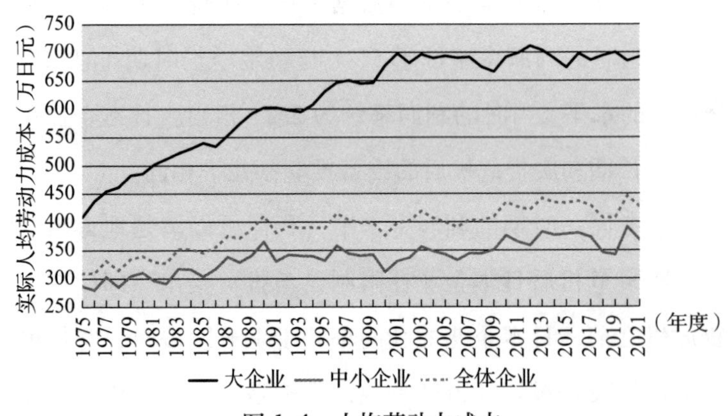

图 1-4　人均劳动力成本

资料来源：法人企业统计调查。

自 2001 年以来，日本大企业的人均劳动力成本几乎没有变化，但由于中小企业的人均劳动力成本略有上升，因此全体企业的平均数据也有所提高。

这也就意味着，在如图 1-1 所示的销售额增长不多，员工人数略有增加的情况下，为了改善利润率，日本企业，特别是大企业，自 2001 年之后，一直在限制人均劳动力成本提高。

提高雇佣非正式员工的比例，是日本大企业自 2001 年以来控制人均劳动力成本的手段之一。而对于中小企业来说，由于其人均劳动力成本增加，如图 1-3 所示，它们的利润率提高就没有大企业那样显著。

企业的人均劳动力成本几乎没有变化，这样就意味着作为国内消费来源的个人收入难以增长。由此，消费水平未见提升，经济不够活跃，GDP 也停滞不前。这就是泡沫经济破裂后的日本一直在经历的恶性循环。

此外，如图 1-4 所示，大企业的人均劳动力成本长期以来约为中小企业的两倍（对此，我们不展开详细讨论）。但从图 1-4 中我们可以看到，这一差距有逐渐缩小的趋势，大企业的人均劳动力成本基本保持不变，而中小企业略有增加。

越积越多的自有资本与手头流动性

日本企业通过限制设备投资和人力成本，提高了利润率。与此同时，自 2001 年以来，它们还积极做出各种努力，改善自身的财务状况。具体来说，就是不断积累自有资本（主要是内部留存）。图 1-5 展示了这一点。

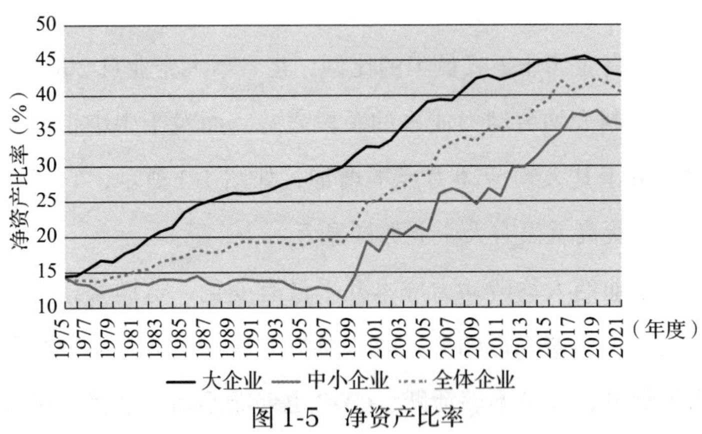

图 1-5　净资产比率

资料来源：法人企业统计调查。

从图 1-5 中我们可以清晰地看到，自 1999 年左右开始，日本的中小企业对自己的财务政策进行了显著调整，它们开始大幅提高自有资本的比例。在 2001 年之后，大企业的净资产比率也开始出现明显上升。自泡沫经济破裂之后，日本的大企业便已经开始逐渐充实自有资本，而中小企业则是在 1999 年左右才有所转变。

次贷危机爆发时，日本中小企业的净资产比率提高的步伐虽然短暂停滞，但在 2011 年后又重新步入快车道。显然，全球性次贷危机也影响到了日本中小企业的财务政策。

最终，**日本中小企业的净资产比率达到了与大企业几乎相同的水平。这个水平实际上与 2020 年前后的美国苹果公司的净资产比率相当**，高得惊人。

自有资本不仅可以作为投资资金的来源，还可以以现金等高流动性资产的形式持有，以备不时之需。然而，从设备投资的长期低迷可以看出，日本企业积累的自有资本并未用于此。自 1999 年以来，它更多地被视为备用资金。

1998 年，泡沫经济破裂的余波引发了日本银行业的金融危机，之后日本各家银行开始通过大规模重组来求生（相关内容在后文会详细介绍）。由此，**日本企业逐渐认识到“在紧急情况下国内的主要银行也不一定靠得住”，所以它们开始通过充实自有资本来进行自我防卫。**

从那时起，**大多数日本企业不再采用高负债杠杆的投资方式，放弃了自稳定增长期以来的低净资产比率、高设备投资额的成长模式**，转而采取了更加注重风险规避的经营策略。

那么，日本企业这些“以备不时之需的自有资金”的流动性如何呢？图 1-6 展示了日本企业现金和流动有价证券余额总额（即企业的手头流动性）的变化情况。

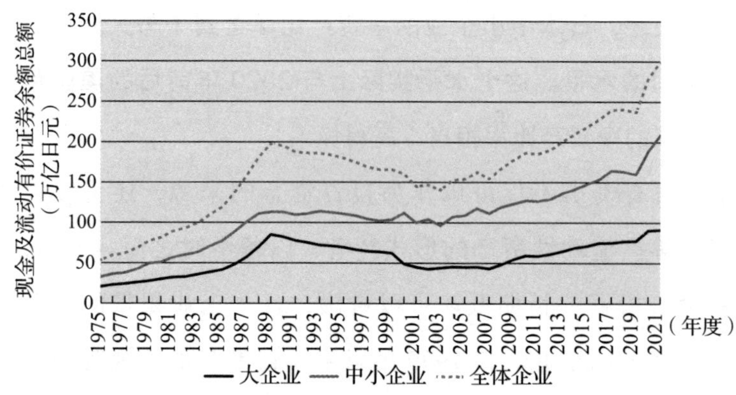

图 1-6　现金及流动有价证券余额总额

资料来源：法人企业统计调查。

我们能非常明显地看到，在泡沫经济破裂后，受到经营能力下降和不良债权的影响。日本企业不得不降低手头流动性，然而，在 2001 年之后，日本的大企业和中小企业都开始增强手头流动性，在 2008 年次贷危机后，这种趋势逐渐加速。

具体来说，**特别是中小企业，它们自 2001 年起明显加快了确保（手头）流动性的步伐，手头流动性与自有资本的比率变得非常之高**。

以 2021 年的数据为例，日本大企业的现金及流动有价证券余额总额为 91 万亿日元，中小企业为 209 万亿日元，同年度的自有资本持有额，大企业为 434 万亿日元，中小企业约为 345 万亿日元，由此可见，中小企业把将近六成的自有资本作为手头流动性来进行储备。自有资本的充实度远不如大企业的中小企业却拥有远超大企业的手头流动性，这是一个令人可悲的事实。

在 2001 年后的 20 年里，日本大企业为了“增强手头流动性”前后投入了 50 万亿日元（中小企业为 100 万亿日元）。到了 2021 年，日本大企业手头流动性的水平增长至 2001 年的两倍左右。这一增长幅度与中小企业同期相当。值得注意的是，日本大企业手头流动性的增强很大一部分是发生在 2008 年次贷危机之后，显然，这次危机对它们影响巨大。

在 2001 年之后，所有日本企业的手头流动性总共约提高了 150 万亿日元，20 年里增加了一倍。如果日本企业都出于某种理由认为它们必须储备高流动性的资金，那设备投资将会变得越发困难。

提升利润率，并且以手头流动性的形式不断积累自有资本，即使利润增加也不增加设备投资，这种以规避风险为目的的经营方式，正是“失去的三十年”里日本企业的选择。

泡沫破裂对经济造成的冲击

从前文的描述，我们可以清晰地看到，泡沫经济破裂和次贷危机这两大事件给日本企业的成长带来了多么巨大的负面影响。

销售额、劳动生产率、设备投资、利润率、净资产比率、手头流动性等数据都因这两次危机而发生了显著变化。因此，本章接下来的部分将详细分析这两个重大经济事件如何逐步影响日本企业的经营。

首先我们来看泡沫经济破裂所带来的影响。

泡沫经济的全面破裂始于 1991 年。当时日本地价达到历史峰值后开始大幅下跌，而股价的峰值则早在一年多前的 1989 年末已经出现。在 1989 年末的最后一个交易日，日经平均股价达到了历史最高点（接近 39 000 日元），这一纪录在此后长达 33 年的时间内未被打破。然而，新年伊始，股价便开始大幅下跌。

当时的历史股价峰值几乎是泡沫前 1987 年年平均股价的两倍。地价的上涨更为猛烈，即便在股价暴跌后的 1 年半的时间里，地价仍在持续上升。1991 年的地价峰值（日本全国公布的平均价格）为每平方米 241 万日元，比 1989 年底股票价格开始崩溃时还高出了 50 万日元（换算为比率，则超 20%）。

但是，在 1990 年 3 月大藏省和日本银行大幅收紧贷款政策后，资产价格的上涨迅速转为急剧下跌，这也标志着泡沫经济的破裂。现在回过头来看，这一现象可以解释为一种自然发生的经济因果链条，即泡沫经济时期银行的过度贷款引发了对股票和土地的过度投机。

这一时期股票和土地价格的急速下跌导致了巨大的资本损失（资产价值的评估损失）。从股价开始暴跌的 1990 年到泡沫经济全面崩溃的 1992 年，评估损失总额达到 711 万亿日元，相当于当时日本 GDP 的 1.5 倍，即所有日本人一年半的收入总和。

虽然这些股票和土地的资本损失并未全部实际发生，但由于股票和土地（尤其是土地）常作为银行贷款的抵押物，这就导致了全日本范围内出现了大量抵押物不足的贷款，进而引发了不良债权问题。

不良债权的处理问题给日本的银行系统带来了沉重打击。由于泡沫本身就是银行过度贷款的结果，银行受到反噬是不可避免的。然而，作为市场经济资金交易的核心，银行系统的危机会最终演变为整个国家经济的危机。美国雷曼兄弟的破产所引发的次贷危机，正是类似的因果链条在世界范围内的重演。

泡沫经济的崩溃给日本企业留下了两大财务创伤。

一是不良资产和不良债权的庞大负担。如何处理大幅贬值的资产，如何提供追加担保以应对资产价值下降所导致的抵押物不足，这些问题导致日本企业资金紧张，进而限制了设备投资。

二是泡沫经济时期产生的需求过剩、投资过剩和雇佣过剩问题。需求过剩的典型例子之一就是泡沫经济时期日本国内汽车销售的急剧增长，但这相当于提前消耗了未来的需求。这种寅吃卯粮的现象出现在各个行业之中。在泡沫经济破裂后，日本企业不得不面对相应国内需求的减少。

为了应对这三大过剩问题，企业就必然得改变以往的积极姿态。

泡沫破裂留下的心理创伤与日本企业的随波逐流

与财务创伤相比，泡沫破裂留下的心理创伤在更长的时间内所带来的负面影响更大。这种心理创伤主要体现在两个方面。

一方面是**内在的自我怀疑**。这里的“内在”指的是日本人内心对自己的质疑：是不是因为自身经济管理体制的重大缺陷才导致了如此荒谬的事情发生？并且在那个时期，许多日本人虽然废寝忘食地工作，却并未真正感受到富裕。房价的飙升使得很多人对拥有自己的房子感到绝望。这让他们不禁质疑：我们拼命工作到底是为了什么？

另一方面的**心理创伤来自外部“对日本的质疑”**，即日

本异质论。你也可以把它看作一种“外部看法给日本带来的压力”。

自泡沫经济达到顶峰时起，美国便炮制出所谓的“日本异质论”，并将其扩散至日本，乃至世界其他国家。这种论调认为，异质的日本应该通过结构改革来适应世界标准。

这种思想的代表性事例就是 1989 年 9 月日美两国政府之间启动的日美结构协议会（SII）。它在日本被叫作“日美结构性磋商”，英语名称是 Structural Impediments Initiative，旨在讨论如何纠正日本的贸易壁垒。

由此，**在两种自我怀疑的心理创伤之下，许多日本人潜移默化地认为“遵循美国的方式才是正确的”**。

然而，在经济和企业管理的基本方面，日本确实有独特之处。这些不同于美国的独特之处正是日本成功的原因之一。相信这种“日本原则”的人（包括我在内）并不少，但是随着这种信念的不断动摇，日本企业开始了随波逐流。结果就是，日本企业对自己的管理方式越发失去信心，积极的经营政策一去不返。

这里的随波逐流说的是日本企业半路出家，开始采用美国的经营方式。泡沫经济破裂导致了这一结果，给后世带来了重大的影响。

现在回想起来，的确是从 1992 年左右起，各大媒体开始大肆讨论公司治理中的股东监督问题。也是在这一时期，美国的机构投资者对日本企业的管理要求明显多了起来。

泡沫经济后的金融危机与银行系统的大重组

在这样的历史背景下，日本还面临着另一项艰巨的任务——重建因泡沫经济破裂而动荡不安的银行系统。泡沫经济破裂后，日本的银行积累了大量的不良资产，规模惊人。

这一任务在1997～1998年变得迫在眉睫。因为在这两年里，金融危机的爆发使得日本各大银行和证券公司相继倒闭。这是由1997年的亚洲金融危机和1998年的俄罗斯国债违约产生的连锁反应。北海道拓殖银行、三洋证券、山一证券、日本长期信用银行、日本债券信用银行等相继宣布破产。

除此以外，面临破产风险的银行更是不胜枚举。因此，日本政府在1999年向15家大型银行的股本金注入约7.5万亿日元的公共资金（即融资），这相当于是将大型银行纳入了国家的管理体制之中。此次融资，在过去50年东京证券交易所（简称东证）上市企业“融资扩股”的累计金额中占到了相当大的比重，规模非常之大（后面我们会提到，证券市场的自主融资其实非常少)。

不仅如此，政府还主导了银行的整合与重组。要处理泡沫经济破裂后产生的数额巨大的不良资产，就需要帮助银行准备足够的自有资本，筹集雄厚的资金。日本大藏省在 1998 年宣布开始进行大爆炸式的金融体制改革，期望日本金融系统具有更强的国际竞争力，其代表性举措包括推进银行的整合与重组，允许设立兼营证券业务的金融控股公司等。

具体来说，1999 年成立的瑞穗银行（由第一劝业银行、富士银行、日本兴业银行合并)，2001 年成立的三井住友银行（由住友银行和樱花银行合并)，2002 年成立的 UFJ 银行（由三和银行和东海银行合并)，2003 年成立的理索纳银行（由大和银行和旭日银行合并)，2006 年成立的三菱 UFJ 银行（由东京三菱银行和 UFJ 银行合并）等，都是这次金融体制改革的成果。

其中，所有的重组都是通过可以兼营证券业务的金融控股公司来实现的，1998 年当时的 10 家都市银行经过一系列的整合，到了 2023 年，只剩下了瑞穗、三井住友、三菱 UFJ 和理索纳 4 家金融集团。

银行系统的重组对日本企业的影响大致可以分为两点。

一是银行系统的稳定给整个日本经济带来了积极的确

定性。2001 年左右，企业的劳动生产率、利润率等数据都表现出从泡沫经济破裂后的混乱中挣脱的迹象。

另一个影响是，日本企业不再像泡沫经济之前那样，认为“在紧急情况下国内的主要银行会伸出援助之手”。

由于银行只起到支撑作用，失去了从前的存在感，企业不得不在财务上更多地依靠自己。虽然这有助于企业的自主独立，但也带来了企业行为趋向于规避风险的负面影响。

因此，正如图 1-5 和图 1-6 所示，尤其是中小企业，开始追求提高净资产比率，准备现金或类似的流动性资产（手头流动性），以应对紧急情况。这种趋势在 1999 年左右开始变得越来越明显，这是受到了金融危机和银行重组的影响。

1999 年的一桩收购案，彻底粉碎了日本企业对银行“兜底支援”的幻想。在这一年，法国雷诺汽车公司（简称雷诺）收购了日产汽车公司（简称日产），实际收购金额仅约为 8 000 亿日元，以“非常低廉的价格”便抄底了日产。

在那之前，日产所依靠的主要银行一直是日本兴业银行，但在泡沫经济破裂后，日本兴业银行自身决定并入瑞穗，已经无力援助日产。因此，因长期经营不善而蒙受巨额损失的日产，最后只能依赖雷诺的资本注入才能够维持运营。

次贷危机带来的二次冲击

2002 年前后，日本银行系统的重组基本完成，金融系统的稳定性大大增强，日本企业的经营开始回暖，出口导向的日本经济迎来复苏的曙光。然而好景不长，**2008 年爆发了次贷危机，它被称为“又一个泡沫的破裂”**。

2008 年爆发的次贷危机指的是美国投资银行雷曼兄弟的破产所引起的经济大动荡，因此它又被称为“雷曼危机”。但究其根源，危机的爆发是因为全球金融系统的功能失调。由美国住房贷款泡沫的破裂而引发的一系列连锁反应导致许多欧美金融机构都陷入破产危机。最终，实际破产的虽然只有雷曼兄弟一家，但那时，许多欧美的大型金融机构事实上都处于破产边缘。

这种破产风险导致了金融系统的功能失调，进而造成全球实体需求的下降。在 2008 年前后，对于高度依赖海外需求的日本企业来说，这无异于晴天霹雳，大部分需求订单突然蒸发掉了。在当时，我听到有人说许多工厂的开工率一下子大幅下降，只剩下了三成至五成，情况岌岌可危。

现在回头来看，令人惊讶的是，次贷危机的最大受害者竟然不是“震源地”美国，而是日本。日本的经济下滑比美国严重得多。对于在泡沫破裂后尚未完全恢复的日本经济来说，这次始于美国的次贷危机是继泡沫经济破裂以来严峻的“第二次金融危机”。

但这次次贷危机所带来的直接财务损失是短暂的，这一次由于日本企业和金融机构并未持有太多的不良资产，其损失比泡沫经济破裂后要小得多。但全球需求的收缩给以出口为导向的日本经济造成了巨大打击。

从数据来看，次贷危机后日本的出口总额从 2008 年的 81 万亿日元减少到了 2009 年的 54 万亿日元，一年内锐减 27 万亿日元，降幅高达 33%。如此巨大的出口下降，是日本经济从未经历过的。换句话说，这种降幅是史无前例、前所未有的。

但在那之后，日本经济的伤口随着全球经济的复苏缓慢愈合。日本企业挺过了 2011 年东日本大地震，并逐渐恢复了缓慢增长。

然而，遭遇因金融系统的功能失调而引发的全球性金融危机，使得日本企业再次回忆起了过去的心理阴影。虽然两次危机有所不同，泡沫经济的破裂仅是日本国内的金融问题，而 2008 年次贷危机是全球性的，但这两次危机爆发的原因有一点相似之处，那就是金融机构的疯狂。

也正因如此，许多日本企业才又回忆起了泡沫经济破裂后的创痛。虽然这次它们没有再陷入自我怀疑之中，但其他国家爆发的次贷危机竟如此轻易地让日本企业的订单在一夜之间蒸发，这也给日本企业带来极大的震撼。

在 2008 年次贷危机时，国际业务占比较高的大企业反应更加激烈，如图 1-7 所示，它们大幅减少了设备投资。

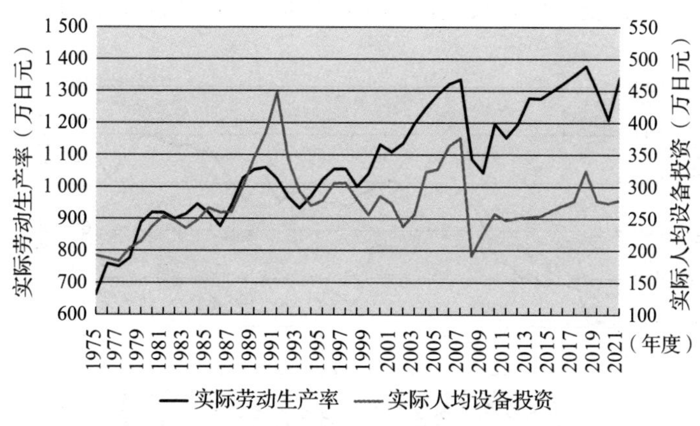

图 1-7 大企业的劳动生产率和人均设备投资

资料来源：法人企业统计调查。

图 1-2 展示了日本企业整体的劳动生产率和设备投资动向，而图 1-7 和图 1-8 则分别提取了其中大企业和中小企业的数据单独成图。可以明显看出，在 2008 年次贷危机后大企业和中小企业的行为存在显著差异。

大企业在次贷危机期间迅速减少了设备投资（一年内减少了近三成，这是前所未有的规模），而中小企业本来就不多的设备投资却几乎没有削减。之后自 2010 年左右起，中小企业以史无前例的速度增加了设备投资，投资水平几乎是次贷危机前低增长期的两倍。其结果就是，泡沫经济破裂后中小企业一直停滞不前的劳动生产率显著上升。

此外，次贷危机后，经过急速下降的大企业设备投资也在慢慢恢复，但仅仅是回到了次贷危机前低增长期的水平。

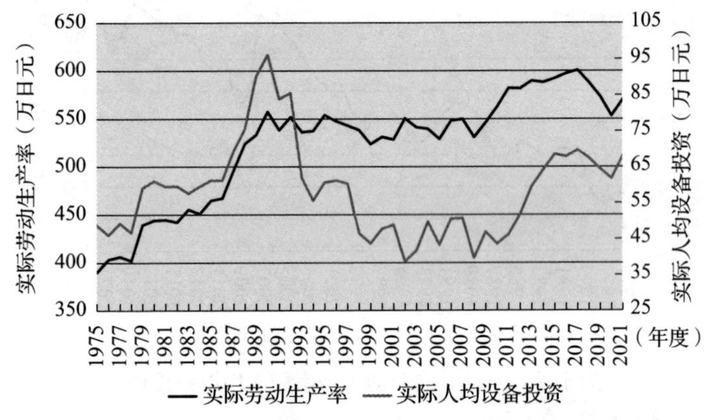

图 1-8　中小企业的劳动生产率和人均设备投资

资料来源：法人企业统计调查。

因此，即使在全球经济复苏的推动下，其劳动生产率也只是恢复到了次贷危机前的水平。

一言以蔽之，在应对次贷危机时以及其后的复苏期当中，中小企业的经营行为比大企业更加理智，它们更坚决地采取了行动来谋求企业的基本增长，即通过增加设备投资来提高生产率。

同时，如图 1-5 和图 1-6 所示，中小企业的这些举措还提高了净资产比率、确保了企业资金的高流动性以“应对下一次的金融危机”。通过提高利润率确保资金来源，并将其用于增强手头流动性，同时积极进行设备投资，日本中小企业的这一系列经营行为堪称“坚韧”。

大企业仍在不断增加分红

相对于中小企业，在次贷危机之后，大企业在提升利润率的方面更加积极，也更有成效（参见图 1-9），但它们并未将由此所获得的大量资金用于投资，而是主要去增加手头流动性和股票分红。图 1-9 展示了这一时期日本企业分红额度的变化趋势。

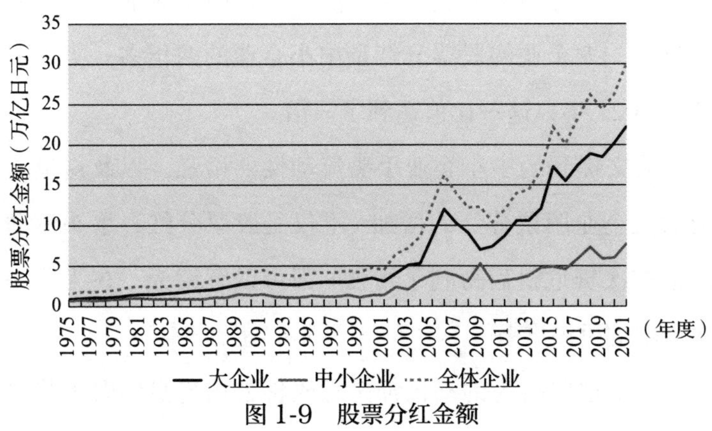

图 1-9　股票分红金额

资料来源：法人企业统计调查。

由于大部分的大企业都是上市公司，因此其股票分红支付额度一直以来大概为中小企业的两倍左右。数据显示，在泡沫经济破裂的1991年，大企业的股票分红约为3万亿日元，而中小企业为1.5万亿日元，前者刚好是后者的两倍。然而，到2021年，大企业的股票分红提高至22.2万亿日元，膨胀到了中小企业（7.7万亿日元）的三倍。

从图1-9中不难发现，大企业股票分红的增加始于2001年前后，即公司治理改革呼声高昂的那段时期（银行系统的大重组时期），这种趋势在次贷危机前有所放缓，在危机后的经济衰退中又进一步显著放缓，但自2011年以来，股票分红开始不断加速增长。顺便一提，在2010年，大企业的股票分红约为7.4万亿日元，中小企业约为3万亿日元，大企业的股票分红是中小企业的两倍多一点。但到了2021年，这一比值达到了三倍。

前文提到的中小企业手头流动性的增强，以及这里提到的大企业股票分红的增加（不仅是股票分红，手头流动性也在次贷危机后得到了增强）都可以解读为“在为下一次金融危机做准备”。

以上这些行为的动机都是想改善公司自身的财务状况

（确保手头流动性），并在资本市场上获得好评（增加股票分红），以在未来的金融危机中尽量减少负面影响。

这样做可能是源自泡沫经济破裂所带来的创伤，以及因次贷危机爆发而留下的恐惧。次贷危机确实引起了需求缩减，进而造成直接财务损失，可是它并未像泡沫经济破裂那样留下长期的财务负担。然而，日本企业似乎还是对其心有余悸。

由此日本企业开始以规避风险为目标调整自己的经营方式，这可能是 2008 年次贷危机给日本企业的发展所带来的最大影响。

顺便一提，2021 年大企业的设备投资额仅为 21.2 万亿日元，这是有数据记录以来，大企业的设备投资额（21.2 万亿日元）第一次低于股票分红（22.2 万亿日元）。而在泡沫经济破裂前稳定增长时期的 1987 年，大企业的设备投资额为 15.3 万亿日元，股票分红为 2.1 万亿日元，设备投资额是股票分红的七倍以上，这与 2021 年的状况形成了鲜明对比。

尽管 2021 年可能是受到了新冠疫情的影响，但这种设备投资的停滞和股票分红的增加亦可谓不同寻常。

我们如果看一组股票分红与劳动力成本比率数据的变

化，就能马上清楚地看到大企业股票分红增加的速度多么惊人。请看图 1-10。

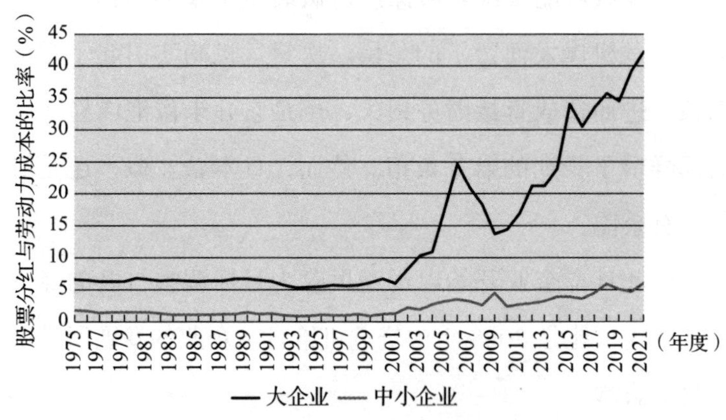

图 1-10　股票分红与劳动力成本的比率

资料来源：法人企业统计调查。

实际上，自 2001 年以来，大企业的劳动力成本几乎没有增加（中小企业有所增加）。但如图 1-9 所示，其股票分红迅速增加。

因此，大企业股票分红与劳动力成本的比率（股票分红 / 劳动力成本）自 2001 年以来持续性地急速上升。仅从 2021 年的数据来看，大企业的股票分红与劳动力成本的比率为 42.2%，中小企业为 6%。大企业约为中小企业的七倍。

从图 1-10 中我们还可以看到，变化是自 2001 年开始的。我不禁想问，**现在日本的大企业究竟是为谁经营**？它们与 20 世纪的日本企业完全不同，它们是在为增加股东的股票分红而经营的吗？这正是我将它们称为“随波逐流的日本企业”的原因。

或许我的感受有些偏颇，但反观日本的中小企业，它们的经营似乎更加稳健。

| 第 2 章 |

重大战略失误——过度限制投资

对三类投资的过度限制

在上一章，我们重点讨论了在“失去的三十年”里日本企业成长和生产力停滞不前的问题。特别是在上一章的最后还提到了“日本大企业设备投资首次低于股票分红”的情况。这一点在序言中也有所提及，我想很多读者可能会对此感到惊讶。在分析时看到这一数据，我也十分吃惊，没想到限制设备投资的情况竟然如此严重。

然而，不仅仅是设备投资，在“失去的三十年”里，尤其是在后半段，日本企业还在大力限制海外投资和人才投资。在本章我将详细介绍这方面的相关情况。

如此过度地限制投资实际上是在削弱日本企业自身的成长基础，而这恰恰就是本书提出的疑问——“日本企业究竟在什么地方犯了错？”的答案。也就是说，日本企业错在过度限制投资而自己扼杀了自己的发展潜力。

的确，泡沫经济的破裂和 2008 年次贷危机所引发的大规模经济衰退使得日本企业的投资意愿大幅降低，因此在某种意义上限制投资是一种非常自然的企业行为。不过我想即便如此，在看到本章提到的相关数据后，也一定会令我们惊讶不已：“无论如何也不至于限制到这种程度吧。”

从投资的角度来看，日本企业在过去的三十年里对三类投资进行了过度的限制（即设备投资、海外投资和人才投资）。即使到了 2023 年，也没有看到有太多迹象表明这一状况会有所改善。因此，作为一名企业观察者，我深感有必要明确指出这一危险，并大声呼吁企业经营者们应该更加积极地承担风险进行投资。

英国著名经济学家凯恩斯用“动物精神”一词来描述人类有时会超越冷静的经济计算而采取非理性行为。在他的代表作《就业、利息和货币通论》中，凯恩斯写道：

“当人类决定要做一些积极的事情时，由于这些积极行动的结果只有在很长一段时间之后才能显现出来，因此这种决定只能被视为‘动物精神’的结果。这是一种推动人行动的强烈冲动，而不是根据用数量化的利益乘以数量化概率得到的加权平均结果所做出的决定。……因此，当动物精神消退，乐观的情绪不再涌现时，也就是说，当我们仅依赖数学期望值时，开创新事物的动力就会衰退，直至消亡。”

在谈到这里时，凯恩斯脑子里所想的一定是投资这一面向未来的行为吧。最终影响决策者决定是否进行投资的因素是动物精神。有人说凯恩斯的这种看法并不科学，但我不敢苟同。他是一位数学素养深厚的学者，甚至写过概率论的书。凯恩斯的博学来源于他对人类本质的观察。

回顾过去三十年的历史，日本企业正是如此，“动物精神枯萎，乐观情绪不再，创新动机衰退”。企业在这样的状态下，即使政府进行大规模的财政刺激，经济也不可能增长。推动经济增长的动力在于企业的成长。

限制投资这一行为，就是企业把自己进行的投资控制在低于“潜在”投资能力水平之下，也就意味着巨大机会损失的发生。明明具有成长的潜力却不去充分利用，只会错失良机。

然而，从经营者的角度来看，自己并非完全没有进行投资，投资的方向也往往没有错，只是未能将投资扩展到能力的极限。因此，经营者很难意识到自己“大错特错”，这也是问题的棘手之处。

此外，企业每次计划限制投资时都有其看似合理的理由。例如，泡沫经济破裂后资金极其紧张，又怎么会进行投资呢？但这种理由在泡沫破裂后的 10 年、15 年后难道还能成立吗？

还有人说，日本即将成为一个人口减少的社会，日本的国内需求不值得期待。这是限制设备投资的另一个看似合理的理由。然而，我们可以通过创新投资来开发老龄化社会中日益增长的老年人口的需求，也可以针对数字需求开展相应的投资。

同时，如果国内需求增长前景有限，那么可以增加对未来需求预期更高地区的海外投资。美国、中国、东南亚、印度、非洲等都是潜在的投资地区。

当我们开始讨论投资时，可能会有人反驳说，“不论是海外投资还是创新领域的投资，日本都缺乏足够的一线人才”。但如果是这样，我们难道不应该先进行相应的人才投资来培养这类人才吗？

此外，培养人才也不仅仅只有花钱给他们开班培训这一种办法。实际上，在设备投资、开拓海外市场的过程中，人才也能够在一线基层得到锻炼。人才是在工作实践中得到锻炼的，而投资正是创造这一实践场景的绝佳机会。

换句话说，设备投资和海外投资最大的长期收益是对人才的培养。在执行投资决定的过程中，人们会进行新的尝试、新的思考、新的努力。这种“思考和努力”的过程培养了人才。这些成长起来的人才会发现下一个成长机会。我将这种通过投资培养人才的逻辑称为“投资人才的逻辑”，这也是本章的核心概念。

综上，对设备投资、海外投资和人才投资三方面的过度限制，极有可能在双重甚至是三重意义上削弱日本企业的成长能力。它不仅限制了物质基础的增长，还阻碍了人才培养，使得企业的人力资源储备不仅难以提升，反而有所下降。

过度限制设备投资

在第 1 章的图 1-7、图 1-8 中可以看到，日本企业员工的人均设备投资情况不甚理想，日本企业在泡沫经济破裂后设备投资严重不足。在本节，我将分析日本企业每年的折旧费用与设备投资额的比率，以此来进一步了解日本企业限制投资的情况。

近年来，日本企业设备投资的基本策略是“在现有设备的折旧额度内进行设备投资”。我曾听到过有一家企业的事业部经理对这种政策表达不满：“如此折旧额度内的投资，怎么可能实现增长？”这种不满是非常合理的，因为所谓折旧额度内的设备投资，只是在“补充现有设备”。

然而遗憾的是，在过去的 20 年中，日本企业普遍将每年的折旧费用作为批准的设备投资额上限。图 2-1 展示了日本企业设备投资与折旧额的比率（设备投资 / 折旧额），清晰地呈现出了一直以来日本企业对设备投资的限制情况。

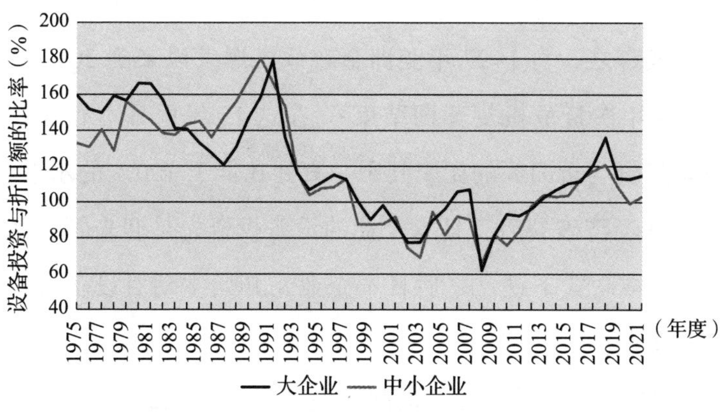

图 2-1 设备投资与折旧额的比率

资料来源：法人企业统计调查。

在稳定增长期，大企业和中小企业的设备投资都超出折旧费用的 50% 左右。正因如此，在这一时期日本企业的劳动生产率不断提高，销售规模也得以扩大。

然而，自泡沫经济破裂后，这一比率立刻开始下降，至 1997 年亚洲金融危机时数值已低于 100%，直到 2002 年跌幅势头才止步于 80% 左右，虽然之后有所回升，但大企业在 2008 年次贷危机前也只恢复到 100% 上下的水平。

此后，2008 年次贷危机爆发，设备投资迎来大幅下滑，设备投资与折旧额的比率降至约 60%。这一时期日本企业的设备投资少得惊人。危机后数据有所回升，从 2012 年开始略微超过 100%。但仍远未达到稳定增长期 150% 的水平。

换言之，自 1997 年亚洲金融危机爆发以来到 2012 年（2008 年次贷危机复苏期结束），在这 15 年里日本企业的设备投资与折旧额的比率几乎一直处在低于 100% 的水平。在泡沫经济破裂后，日本企业的设备投资先是迎来了长达 5 年的被动式下跌，之后日本企业又开始主动对设备投资进行限制。

这 15 年里对投资的限制可谓是令人扼腕的败笔之举。在这么长的时间里，日本企业无法充分利用投资来进行技术创新或开拓新市场，错失了许多良机。

即便是自 2012 年起这一比率开始重新超过 100%，我们也很难说日本企业已恢复到了正常的投资模式。因为这一比率的基数，即折旧费用，是根据这 15 年以来限制投资后的设备总额来计算的，折旧费用本身并不高。因此，即使超过了 100% 也不足称道。因为这不足以弥补 15 年来所错失的机会。

此外，正如图 1-3 所示，2012 年以后日本企业的经常性净利润率得到大幅改善。也就是说，即使利润状况好转，日本企业也仍只进行了略超出折旧额的设备投资。对设备投资持消极态度、不愿冒险，这就是日本企业的经营选择，我称之为“对设备投资的过度限制”。

从图 2-1 来看，大企业和中小企业的比率变化情况基本相吻合，这一点令人惊讶。这意味着资金实力较弱的中小企业在努力进行着（与大企业负担程度相同的）设备投资。

在 2012 年以后，大企业和中小企业的比率数值、变化趋势更是几乎一致。但上一章中人均设备投资变化情况（图 1-7 展示了大企业的变化，图 1-8 展示了中小企业的变化）表明，2012 年后大企业的设备投资增长不多，而中小企业的设备投资却在增加。

综合上述所提的三幅图（图 1-7、图 1-8 与图 2-1）的数据来看，2012 年以后大企业和中小企业经营模式不同的主要原因在于，大企业选择增加员工的数量。由于员工人数增加，即使设备投资总额有所提升，人均设备投资的增长也不明显。换言之，大企业把销售额的增长部分用来雇佣更多的员工而非进行设备投资。

这也是大企业限制人均劳动力成本上升的原因。正如

图 1-4 所示，在 2008 年次贷危机后的复苏期里，中小企业提高了人均劳动力成本，而大企业则几乎保持不变，即大企业将销售额的增长部分用于雇佣更多的低工资员工，而对设备投资表现出十分消极的态度。

现金流未被充分利用，设备投资遭到限制

除了折旧以外，我们从设备投资的财源即企业利润的角度来看，更能明显发现大企业规避风险的经营态度。

经常性利润是指支付借款利息并扣除折旧费用后的利润。用经常性利润加上不产生现金支出的折旧费用，就可以得到企业当年创造的现金流的大致数字。这就是企业可用于投资的内部财源。

图 2-2 展示了日本企业设备投资与现金流的比率（设备投资 / 现金流），即企业内部的可用投资财源中有多大比例被用于设备投资。

比起图 2-1 的设备投资与折旧额的比率，从图 2-2 中我们可以更加明显地看到，自泡沫经济破裂以来日本企业限制投资的态势。代表大企业的折线在泡沫经济破裂后一直呈下降趋势，代表中小企业的折线到了 2001 年才终于遏制住下降趋势，趋于平稳。

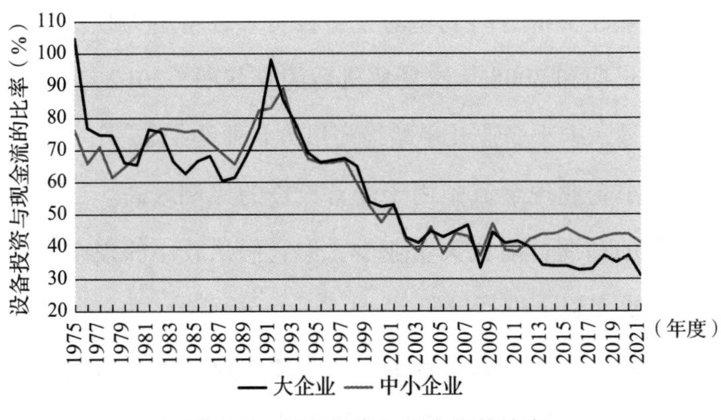

图 2-2 设备投资与现金流的比率

资料来源：法人企业统计调查。

在 20 世纪 80 年代的稳定增长期，大企业和中小企业都将现金流的 60% ～ 70% 用于设备投资。然而，自泡沫经济破裂到银行系统重组的 2001 年，大企业和中小企业都呈现出了长达十年的下降趋势。之后，尽管在 2008 年次贷危机之前的复苏期略有回升，但在危机爆发后又急剧下滑，最终在那一年跌至约 35%，与稳定增长期相比几乎减半。这表明，**不论是大企业还是中小企业，都不再进行设备投资。期望在这种情况下实现企业成长未免太过天真**。

尽管在 2008 年次贷危机后急剧下滑的势头有所缓解，但大企业的折线仍然总体呈下降趋势。与之相对的，中小企业则相对比较平稳，表现得更好。从图 2-2 中可以看出，中小企业在大部分时间里对设备投资表现得更为积极，在稳定增长期和2008年次贷危机后的复苏期（2012年以后）尤为明显，中小企业几乎始终高出大企业约7%。

中小企业现金流中用于设备投资的比例较高。尽管中小企业的利润可能比大企业少，但它们从较小的现金流中挤出了更多资金进行投资。

实际上，如果想将日本企业整体的设备投资从实际水平提高30%，所需的额外资金量并没有那么大。

想要恢复到稳定增长期60%～70%的比率可能比较困难，但如果是在2010～2019年这十年里（不到40%），想要恢复到1998年金融危机时的水平（约53%），则需要将设备投资与现金流的比率提高约13%。考虑到这一时期日本企业整体的现金流总额约为100万亿日元，也就是说，需要将设备投资增加约13万亿日元。

而从这一时期的现金流水平来看，增加13万亿日元的设备投资并非难以承受。毕竟这十年里的现金流总额为100万亿日元。2010～2019年设备投资总额约为40万亿日元，如果增加13万亿日元的设备投资，就可以提升超30%（13万亿日元占40万亿日元的32.5%）。

然而，日本企业并没有像这样追加资金投入，而是选择囤积现金流或是分配给了股票分红。为什么日本企业的经营会变得如此保守？这是一个值得深思的问题。在第 4 章中我们将继续探讨这个问题。

银行系统功能失调？

进一步说，设备投资的资金来源绝不仅仅是内部现金流。如果需要的话，企业还可以向银行借款。实际上，在稳定增长期，银行借款一直是设备投资的重要资金来源。但是，为解决泡沫经济破裂后的遗留问题，在 2002 年左右日本银行系统进行了重组，经营策略发生巨大转变。在此之后，日本企业将银行借款作为投资的有力资金来源的做法已经难以实现。

正如上一章所述，从 2001 年左右开始，日本企业的净资产比率开始极不寻常地急剧攀升（见图 1-5），与此同时，增加手头流动性的趋势也开始加速（见图 1-6），银行在关键时刻已不再被企业信任。

日本企业之所以不再信任银行，其主要原因在于泡沫经济时期，银行曾诱导企业进行过度投资以及地产和股票投机。这最后导致了企业对银行的“离心”反应。我们通过图 2-3 中日本企业向金融机构借款的变化情况，可以清晰地看到这一点。

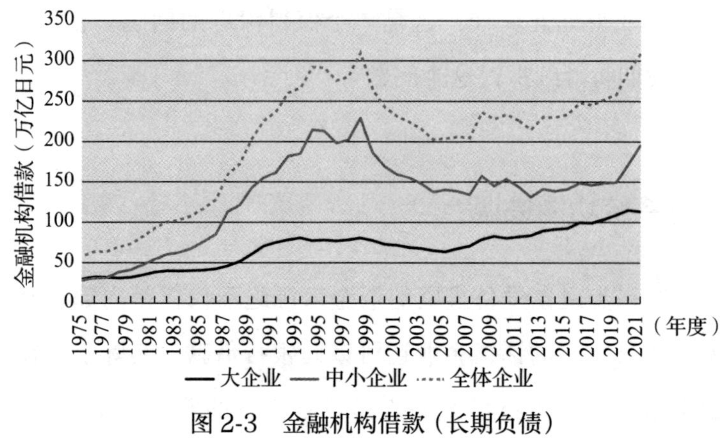

图 2-3　金融机构借款（长期负债）

资料来源：法人企业统计调查。

在泡沫经济时期，特别是中小企业，向银行的借款量增长十分惊人。仅仅 5 年左右的时间，日本中小企业的借款增加了 100 万亿日元。而在泡沫经济破裂后，其借款量急剧下降，这是银行“抽贷”(强制回收贷款）后的必然结果。

在泡沫经济时期，大企业的借贷增长并没有像中小企业那样显著，泡沫破裂后的抽贷情况也没有造成那么严重的影响。但是正如上一章所述，日产因无法继续依赖其主要银行——日本兴业银行的支持而不得不进行实质性出售，这表明日本的大企业也很难再将银行视为“关键时刻的救命稻草”。

或许正因如此，自 2005 年左右开始，尽管银行的借款利率大幅降低，日本企业仍选择不增加借款。中小企业的这一趋势尤为明显。图 2-3 中的数据变化显示，2002 ～ 2019

年长达 17 年的时间里，中小企业的借款一直维持在 150 万亿日元的水平（2020 年以后有所提升，这可能是因为日本政府为应对新冠疫情而对中小企业发放了紧急贷款）。

即使利率极低，日本企业也并未选择大幅增加设备投资，而是追求自有资本的增加、确保手头流动性，这真是一幅令人可悲的景象。在稳定增长期，即使当时的利润率远不如现在，日本企业所进行的设备投资也远超折旧费用。这是源于日本企业对银行系统的信赖。而如今，信任感已经荡然无存。

泡沫经济时期银行自身的行为动摇了这种信任感，而这种伤痕在 30 年后仍未愈合。此外，2002 年左右银行系统重组后，实际上企业寻求金融服务的流程变得更加繁琐。

银行系统本应是一个国家所有企业的金融基础，但如今它却处于一个功能失调的状态。银行系统对整个经济至关重要，因此这是一个严重的问题。

过度限制海外投资

我经常听到这样的论调：日本企业是因为担忧未来国内的需求不足，才不愿进行大规模的设备投资。

然而即便如此，如果企业期望继续获得成长，那么就应该将投资的战略重点转向海外，如扩大出口、开拓海外业务（在当地生产和销售，或在当地出售服务）等。这些都需要相当大的投资。

事实也正是如此。从日本经济产业省每年公布的海外事业活动基本调查的数据来看，在过去30年中，日本的海外现地法人销售额和员工数量都有显著增长，参见图2-4。

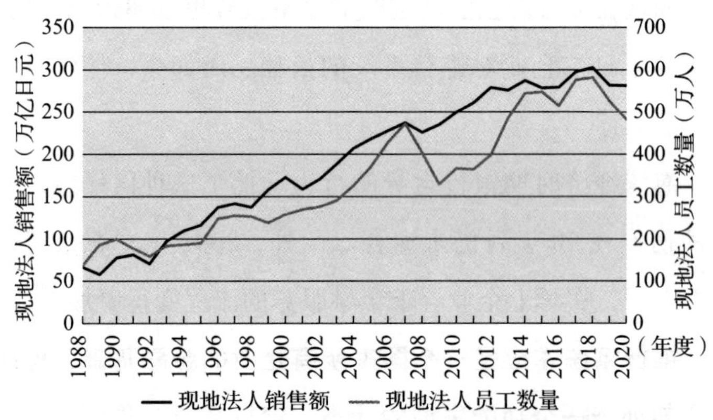

图2-4 企业的海外发展：现地法人销售额与员工数量

资料来源：海外事业活动基本调查。

这里提到的现地法人包括多种类型：从日本出口商品在海外当地进行销售的法人，在海外当地从事生产活动并于当地销售的法人，以及在海外当地生产后将商品继续出口销售的法人（出口目的地可能是日本，也可能是第三国）。换句话说，这里的现地法人包括了日本企业在海外活动的所有类型。

从图 2-4 中可以看出，日本企业的海外活动在 2018 年时规模达到顶峰，当年的现地法人销售额约为 291 万亿日元，员工数量约为 605 万人。同年，根据法人企业统计调查的数据，日本企业国内法人销售额为 1 529 万亿日元，员工数量为 4 307 万人。日本企业海外的现地法人销售额与员工数量分别为国内的 19% 与 14%。

在 2015 年之前（除去 2008 年次贷危机时的影响），图 2-4 的两条折线一直呈上升趋势，增长相对平稳。而且十分有趣的是，即使日本企业的销售额下降，它们也不会选择减少雇员，这种“雇佣稳定”的特征我们在上一章和图 2-4 中都能看到。换言之，**日本企业并没有因为到了海外的劳动市场，就改变一贯的作风，而是继续维持一种稳定的雇佣关系**。

然而，图 2-4 中也显示出令人忧心之处，日本企业的海外业务增长在 2015 年左右开始放缓，不论是销售额还是员工数量的增长都在这一时期趋于平缓。2020 年的下降或可归因于新冠疫情的冲击，但实际上早在 5 年前日本企业海外事业的成长就已经近乎停滞。

日本企业的海外扩张与全球化发展不够活跃。从投资的角度来看，这可能是由于缺乏足够的海外投资，早在 2015 年左右（当时正值日银总裁黑田东彦推行日元贬值政策的鼎盛时期)，其增长就已经开始显现出疲态。

如此担忧也反映在海外现地法人的设备投资和对外直接投资上。图 2-5 由三组数据组成，设备投资（主要是国内设备投资)、海外现地法人设备投资以及对外直接投资，其资料分别来源于法人企业统计调查、海外事业活动基本调查和国际收支统计，它展示了日本全体企业在过去 30 年里的基本情况。

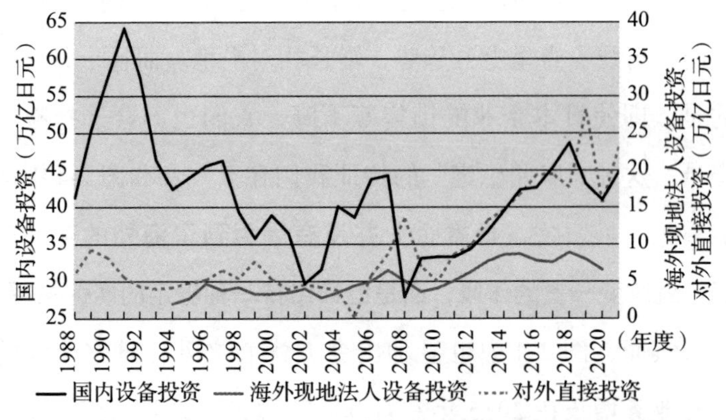

图 2-5　国内设备投资、海外现地法人设备投资与对外直接投资

资料来源：法人企业统计调查、海外事业活动基本调查、国际收支统计。

为了使三条折线的增减变化情况在视觉上一致，左右两侧的刻度均为每 5 万亿日元一格。

的确从 2010 年起，海外现地法人的设备投资有所增加，但在 2013 年左右就达到了顶峰，未能超过 9 万亿日元。2013 年之后，汇率走低，这本应该是增加海外现地法人投资以推动出口的最佳时期，但日本企业并未这样做。图 2-4 中现地法人的销售额也因此停滞。

同时，现地法人设备投资的增长速度远低于国内设备投资的增长速度，我们并未看到日本企业有“国内市场前景不佳，因此转向海外”的明显趋势。相反，甚至可以说，比起国内，海外业务更被“轻视”。

其中一个原因可能是，在日本整体的设备投资份额中占大多数的中小企业对海外业务重视不足。由于缺乏派驻海外的人员，许多日本的中小企业并没有充分关注出口。因此即使海外市场非常有成长潜力，海外的设备投资也未能得到足够重视。

在这一点上，大企业的情况也许并无太大不同。它们缺乏一种充分利用海外市场需求的思维，不论是投资海外生产还是出口，都未展现出足够的进取心。

日本企业全球化的滞后

不过可能是作为一种替代，日本企业的对外直接投资在 2008 年次贷危机之后以远超现地法人设备投资的速度持续增长。自 2017 年以来，年平均投资额一直在 20 万亿日元以上，相当于同期国内设备投资的45%。究其原因，可能是这一时期日本大企业对海外企业收购的增加。

从这一直接投资的增加可以看出，日本企业海外扩张的投资主流已经从现地法人的设备投资转向了对海外企业的战略收购。但是，这也并不意味着日本企业就已经下定决心，认为“比起国内，要更重视海外的发展”。

注册现地法人、花费时间开拓海外市场，这种大规模的投资战略（如丰田汽车公司的战略）需要较长的时间才能见效。因此，日本企业选择了“看起来更快捷”的收购战略。然而，从实际情况来看，收购海外企业而取得巨大成果的案例很少，失败案例反而更多，这也是我实地考察后得出的结论。

此外，如果企业真心想通过直接投资来进行海外扩张，那么其直接投资的增长速度按理说应当比国内设备投资更高，然而实际情况却是两者的增长速度相差不大，都不温不火。与此同时，海外现地法人的设备投资则更显低迷。不论从哪方面来看，日本企业的投资都不足以弥补未来国内需求前景所带来的不安。

令人可悲的一个事实就是，这种“海外扩张意识”的不足导致了日本企业全球化的滞后。即使临近2020年，日本整体的出口规模和对外直接投资规模相较其他主要国家来说仍然处于较低水平。

表 2-1 和表 2-2 分别展示了日本、美国、德国、韩国每年出口占 GDP 的比例和对外直接投资占 GDP 的比例。

表 2-1 出口占 GDP 的比例（%）

年份＼国家	日本	美国	德国	韩国
2010	14.9	12.4	42.6	47.1
2015	17.4	12.5	46.9	43.0
2020	15.5	10.2	43.4	36.5
2021	18.6	11.0	47.0	41.7

资料来源：贸易统计、IMF 统计。

表 2-2 对外直接投资占 GDP 的比例（%）

年份＼国家	日本	美国	德国	韩国
2010	1.0	1.8	3.7	2.5
2015	3.1	1.4	3.0	1.6
2020	1.9	1.1	1.6	2.1
2021	3.0	1.7	3.6	3.4

注：2021 年日本、美国、德国、韩国的对外直接投资余额分别为 2 万亿美元、9.8 万亿美元、2.1 万亿美元、0.6 万亿美元。

资料来源：国际收支统计、IMF 统计。

首先来看出口，如表 2-1 所示，通过对比各国间的数据可以看到，所谓“以出口立国”的日本完全名不副实。与企业海外扩张活跃的德国和韩国相比，日本的出口规模要小得多。即使是与国内市场庞大、无须过度依赖出口的美国相比，日本的情况也只是略好一些。

比起出口，美国企业更喜欢通过对外直接投资（即海外业务）来进行海外扩张。尽管近年来，其每年的对外直接投资额占 GDP 的比例明显低于日本，但它过去的累计直接投资（规模）非常之大。

在 2021 年美国的对外直接投资规模是日本的五倍。美国早在 21 世纪之前就通过直接投资进入了世界各国的市场。即使是与德国和韩国相比，日本的对外直接投资也显得十分逊色。在表 2-2 列出的 4 年数据中，日本仅有两年的数据超过德国，一年超过韩国。

假设将出口和对外直接投资占 GDP 的比例之和视为衡量一个国家企业活动全球化程度的指标，那么日本明显落后于德国和韩国。日本企业在海外的投资一直没有放开手脚，因此对未来不确定性很高的国内市场难以起到弥补的作用。

被汇率牵着鼻子走的 30 年

同国内设备投资相同，日本企业限制海外投资背后的根本原因还在于消极的投资心态（缺乏凯恩斯所说的动物精神）。自泡沫经济破裂以来，日本企业规避风险的倾向愈演愈烈。

然而，我们也应该理解日本企业所处的环境。其中有些因素不可避免地导致了海外投资的停滞。主要来说有汇率波动幅度大、外派人员短缺等。

首先，请看图 2-6。该图展示了日本、美国、德国和韩国（在前文比较全球化程度时也是这四个国家）的实际有效汇率（一国相对于其他国家的贸易额比重加权平均的汇率波动值）变化情况，数据以泡沫经济的起始年 1989 年为基准，将这一年的数值设定为 100。指数的上升表示货币价值上升（升值），下降则表示货币价值下降（贬值）。

看到图 2-6 就不免让人产生同情：日本企业真是经历了“被汇率牵着鼻子走的 30 年”。代表日本的折线明显与其他三个国家不同。只有日本呈现出了几乎是周期性的大幅剧烈波动。

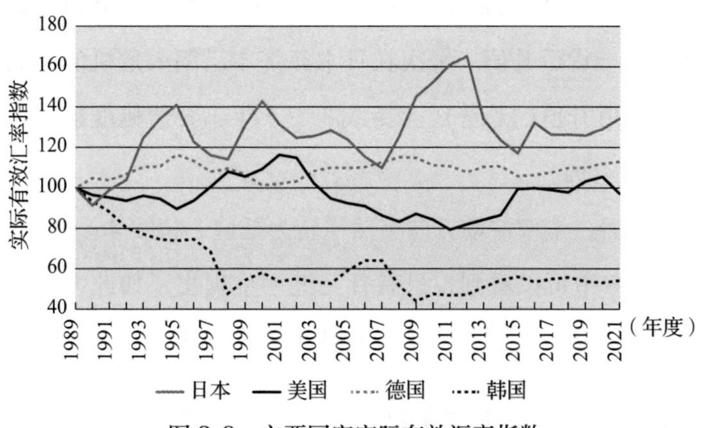

图 2-6 主要国家实际有效汇率指数

注：实际有效汇率指数以 1989 年的汇率为基准，设定为 100。
资料来源：BIS 统计。

这种大规模的周期性波动给日本企业带来了很多麻烦。

德国的指数波动一直非常小（可能受益于欧元这一统一的货币体系）；在1998年韩国IMF危机[㊀]之前的一段时间韩国经历了剧烈的货币贬值，之后恢复平稳；美国一直以来虽然有波动，但相比于日本其波动幅度小得多，周期也更长。

在过去的30年里，日本的实际有效汇率至少经历了3次这种周期性波动。货币升值发生在1991年、1998年和2008年，分别与泡沫经济破裂、1998年金融危机和次贷危机的时间完全吻合。

通常，经济危机会使得一个国家的货币贬值（本币贬值），这是一般的常识。然而，日本却发生了完全相反的情况——货币升值。每次在日本经济本已陷入危机的情况下，货币升值的趋势还会持续3～5年，升值幅度也高达30%～40%。

之后，汇率波动方向突然逆转为贬值，持续4～7年。从图2-6中可以看到，只有日元汇率呈现出了如此大幅的周期性波动。直到日本银行总裁黑田东彦采取异次元金融

㊀ 韩国IMF危机，通常指的是1997年亚洲金融危机期间，韩国面临严重经济危机，不得不向国际货币基金组织（IMF）寻求紧急援助，对此IMF提出了一系列苛刻的改革要求，这些措施对韩国经济造成了深远的影响。——译者注

宽松政策后，这种周期性波动才得以结束，汇率趋于稳定。

对于需要考虑企业海外战略的经营者来说，这种大幅度的汇率波动极为棘手。

当日本企业为应对货币升值而采取行动（例如将生产基地迁往海外）时，货币在短短的 3 ～ 5 年后又大幅贬值。这时，相比于海外生产，留在国内又成了更好的选择。因为海外生产基地从日本进口时，以日元计价成本会变高。之后，当日本企业又再次采取行动应对贬值时，日元不久又迎来大幅升值。

像这样，许多日本企业只能一再调整经营策略以应对汇率变化。这使得它们消耗了大量人力和资金，不得不一次又一次地推翻过去制定的战略。

简言之，在这三十年里日本企业“为开拓海外事业被迫做了许多无用功”。由此，我们就可以理解日本企业为什么会限制海外投资了。在经历了反复的周期性汇率波动后，日本企业产生了恐惧心理。这种心理正是它们对开拓海外事业持消极态度的原因。

特别是次贷危机后的日元大幅升值（幅度大且持续时间长）以及随后的迅速贬值，对本来就对全球化持谨慎态度的日本企业造成了很大打击，产生了“汇率很可怕，海外扩张要慎重”的保守心理。

在上一章与本章我们多次提到，日本企业的投资在次贷危机后急剧下降。究其原因，我在上一章中是这样分析的：这场次贷危机所引发的萧条再次揭开了泡沫经济破裂的伤疤，致使日本企业想起了以往的恐惧，因此开始进一步限制设备投资。在这里也是如此，汇率的大幅度波动同样给日本企业的海外扩张带来了心理阴影。

海外派遣人才的匮乏

日本企业在过去的20年里对海外扩张变得相当积极。但在这个过程中除了汇率波动，日本企业还面临着另一项难题，即缺少可以胜任海外业务的外派人才。

实际上在过去的20年里，许多日本企业都流行着这样一个口号般的主张“要实现经营管理的本地化”。其理由在于，日本外派人员的费用比在当地雇佣管理人才要高得多。

然而，随着各国经济的发展，当地的人力成本也在不断上升，加上2012年以来日元贬值的趋势，这使得在当地雇佣管理人才的成本与外派人员的费用之间的差距显著缩小。但即便如此，经营管理的本地化仍被日本企业高度重视。

不言而喻，这一观点有它的合理性：当地人才更熟悉当地情况，能够更有效地开展工作。然而，仅凭这一点就过分主张经营管理的本地化也是片面的。我们不能忽视，许多日本企业的海外业务活动都与其国内的经营活动密切相关（例如许多日本的出海企业还需要从日本国内进口主要零部件）。为此，这就需要精细化协调国内和海外的经营。

为了实现国内业务和海外业务的“齐头并进”，对日本企业来说至关重要的是要加强国内和海外分部之间的沟通，并帮助当地雇员更加了解日本。而能够胜任这一任务的人才可能就需要从日本国内派遣了。然而这样的人才不可多得，极难培养。

或许有人会认为，正是因为外派人才的不足，才导致了日本企业不得不限制海外投资。然而，我认为从逻辑上讲正好相反。应该是先硬着头皮进行投资，再通过当地的经营经验来培养人才。换句话说，将不太熟悉海外业务的人才派遣出去，这本身就是人才培养的过程。

因此，限制海外投资也就意味着在阻碍外派人才的培养。令人始料未及的是，在 2015 年左右开始，外派人才不足的问题变得越发明显。

通过实地考察，我有了以下体会。次贷危机以来，日本企业减少了招聘新员工的数量，但到了次贷危机后的复苏期，日本企业在国内对人才的需求又开始回温。当这批新人经过几年的历练之后可以胜任一线工作时，海外派遣和国内业务之间就出现了对人才的争夺。

此外，由于之前对海外投资的限制，本应培养起来的海外人才也未能如愿成长。因此，从 2015 年左右开始，日本企业出现了外派人才的短缺。

海外事业活动基本调查对日本企业派遣到海外现地法人的人员数量变化进行了整理，在其中我们可以清楚地看到这种外派人才短缺的情况。此数据仅能追溯到 2007 年，图 2-7 展示了自那时以来日本企业的海外派遣人员数量与海外现地法人销售额。

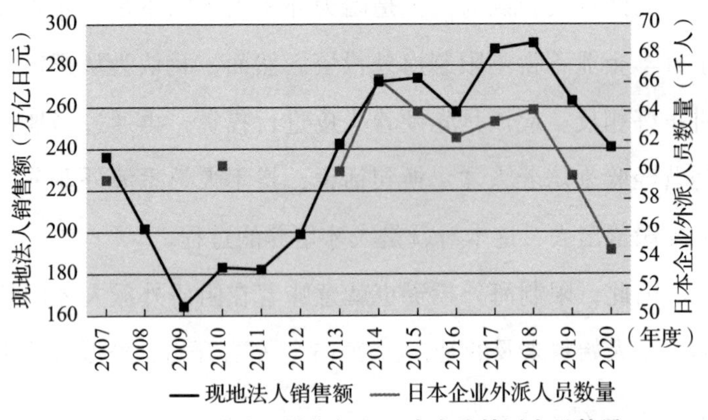

图 2-7　现地法人销售额与日本企业外派人员数量

资料来源：海外事业活动基本调查。

在海外现地法人销售额仍增长的 2014 年，日本企业的外派人员数量达到了顶峰（约 66 000 人），在那之后，外派人员数量基本呈下降趋势。在这一年之后，海外现地法人销售额也陷入了增长停滞，并于 2019 年开始下降，但这其中是否存在着因果关系尚未可知。2014 年也是图 2-5 显示的海外现地法人设备投资出现峰值的年份，之后便难再增长。

似乎在 2015 年左右，日本企业的全球化发展达到了顶峰，之后进入了停滞、收缩阶段。这个拐点来得有点不合时宜。在国内市场增长乏力的情况下，日本企业需要全球化发展来保障自身的成长。

外派人才不足的背后还有语言的壁垒。美国企业的外派员工可以直接用母语（即英语）在全球各地完成大部分的工作。因为全球有许多人会讲英语，或者说愿意去学习英语，因此不成问题。

英语之所以成为国际性语言，并不是美国企业努力的结果，是以前的大英帝国使英语成为国际性语言，而美国企业只是受益者而已。

但日本企业在进行海外扩张时，语言便成了阻碍。因为日语只有日本人会用。

考虑到存在着这种语言壁垒，日本企业就更需要通过活跃的海外投资来培养人才。如果日本企业不“在能力范围的极限”进行海外投资的话，就会导致未来的人才短缺。

此外，日本企业还应该尽早制订计划，大力培养能够使用国际通用语言——英语来开展工作的员工。在这个过程中，一定可以涌现出能够胜任海外投资工作的人才。

实际上，日本企业陷入了投资与人才培养的恶性循环之中。因为没有足够的人才所以海外投资难以开展。这时，如果又不硬着头皮去投资的话，那在未来人才又培养不出来，则又不得不继续限制海外投资。

在上一节和本节讨论的“汇率波动”与“外派人员”问题，是一个企业开展海外投资所必须要考虑的基本因素。日本企业需要在充分认识这些因素的基础上，精心制定海外扩张战略。其中，当然也包括该如何应对语言壁垒问题。它们必须考虑如上所述一系列问题，从长远的角度来制定投资战略。

虽然这样说可能有些严厉，但事实就是许多日本企业并没有这样的长远视野。当然，也有像丰田汽车公司（简称丰田）这样的例外。

对人才投资的过度限制

日本企业过度限制投资的第三个表现是在人才培养上

投资不足。日本企业在内部对培训和教育的投入力度不够，同时在大学基础人才培养中的参与程度也很低（资助不足）。在失去的三十年里，日本企业在这些方面的投资确实太少了。

我曾读过一位经济评论家在 2022 年写的一篇文章，题为《日本企业对“人才”投资得太少……这样当然不能实现经济的增长》。对此，我完全同意。

我半开玩笑地将经济衰退时企业最想削减的三项费用称作 3K，即教育培训费、广告费和交际费，因为这三项“费用”的日语罗马字都以 K 开头。在过去三十年里，这三项费用当中日本企业对教育培训费的削减尤为明显。相比于设备投资，它们对人才投资的限制情况似乎更为严重。

不过，要掌握日本企业在人才投资上的总体情况是很困难的。在法人企业统计调查当中，没有将“培训费用”或“教育活动经费”列为调查对象。因此，我们只能通过各种方法进行估算。幸运的是，宫川努和泷泽美帆两位权威研究人员已对 1995 年以来的数据进行了科学的分析测算。我的分析基于他们的成果。

图 2-8 摘自这两位研究者的论文《关于日本的人才投资》。

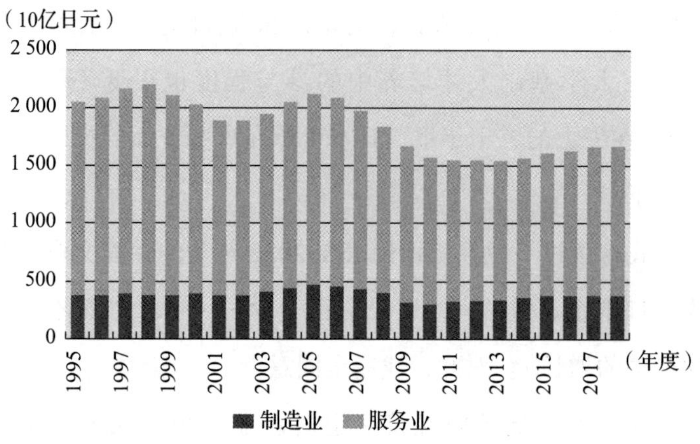

图 2-8 人才投资额的变动

资料来源："JIP2021" 数据库。

由于缺乏数据，我们无法得知泡沫经济时期日本企业的人才投资额，但大致上自 1995 年以来直到次贷危机之前，日本企业的人才投资额约为 2 万亿日元。

同期日本企业的设备投资额为 40 万亿日元左右，一直以来人才投资额约为其 5%。在这里，我并不是想强调这一比率之小，而是设备投资长期以来处于增长停滞的状态，因此我们可以合理推断，人才投资同样遭到了限制。

在这里，我希望大家更关注的是次贷危机后的走势。

日本企业的人才投资在金融危机爆发的 1998 年达到了峰值，之后于次贷危机前夕的 2005 年又迎来了一次高峰。但随后由于次贷危机爆发，投资持续下降，到 2011 年跌入了谷底，减少了约 5 000 亿日元（较峰值时减少了 25%）。此外，从这个谷底开始直到 2018 年，也只恢复了大约 2 000 亿日元。也就是说，2018 年人才投资的水平仅达到 1995 年以来峰值时的约 77%。

这与图 2-5 所示的设备投资恢复情况有很大不同。尽管 2008 ～ 2011 年，设备投资也迎来了低谷，但其之后的恢复相当显著，到了 2018 年，它已经恢复到了除泡沫经济时期外的历史最高水平，超过 1995 年以后的设备投资峰值（次贷危机前夕）的 10% 以上。

但即使是这样的恢复势头，我在前文对设备投资的分析中仍将其评价为“还不够充分”。相比之下，次贷危机后人才投资的恢复就更加相形见绌了，甚至可以说是“完全不充分”。至少，其恢复速度远远不及设备投资（或是对外直接投资）。

日本企业的经营者们常说人才是企业成长的源泉。但实际上，从他们在人才培养上的资金投入来看，这话很难令人信服，不禁让人反驳道：“尽管你们说人才很重要，但比起设备投资来说你们甚至更加轻视人才投资。”

在序言的开头部分我提到过，2021 年日本企业的股票分红（约 22 万亿日元）首次超过了设备投资。而 2018 年日本企业的人才投资（约 1.7 万亿日元）仅为这一巨额股票分红的 8%。

在图 2-8 中我们可以看到 2010 ～ 2019 年日本企业人才投资乏力。

将各国进行横向对比，日本企业的人才投资也显得相当匮乏。

由于各国人才投资额的计算方法不同（例如，日本的数据不包括在职培训的费用；海外在计算脱产培训费用时还会加上培训期间的工资，认为它是“损失的劳动价值”），因此我们很难进行科学的比较，但宫川和泷泽的论文透彻地指出了日本企业在人才投资上的相对落后。

对人才投资的投入主要以在职培训费用为主。从 2010 ～ 2019 年人才投资占 GDP 的比例来看，美国为 0.99%，而日本仅为 0.34%。在上一个十年里，日本的数字稍微会好看一点，但差距不大。

也就是说在过去二十年中，日本的人才投资水平大约是美国的 1/3，而与德国的差距则更大，仅为其 1/4。

在各国的横向对比中，我们可以清楚地看到日本企业在人才投资方面丧失热情的疲态：自泡沫经济破裂后开始限制人才投资，2010 年之后，这种限制变得更为明显。

相比于设备投资，日本企业对人才投资的限制甚至更为严重。我们可以得出结论，与限制投资类似的现象同样也发生在了人才培养领域。这是一个令人可悲的事实。如此一来，日本企业未来的增长可能也只能是空谈。

我在 1987 年出版了《人本主义：变化的经营、不变的原理》一书，书中写道：日本企业在过去的成长中一直秉持着一个原则——“重视维系稳定的人际网络并在其中寻找成长的源泉”。然而，到了 21 世纪的第二个十年，日本企业的人本主义难道已经消亡了吗？

暂且不论人本主义是否尚存，我们不能否定的是日本企业在经营管理上犯了很大的错误，因此无法实现成长。这正是我在本书中所说的“日本企业随波逐流”的重要一面。

数字人才投资显著落后

新冠疫情期间，日本在数字化方面的落后彻底暴露了出来。而与此同时，美国的互联网平台公司，如 GAFAM（Google、Apple、Facebook（现名 Meta）、Amazon、Microsoft）却迅速崛起，席卷了全球。

2021 年有报道指出，这五家公司的市值超过了东京证券交易所所有上市日本企业的市值总和，这不免令人感叹它们在全球拥有的强大影响力。

在传统产业上，日本企业的数字化进程相对缓慢。与此同时，日本的互联网平台企业也难有一家能与 GAFAM 匹敌。

这其中有日本企业在数字化投资战略和互联网相关业务战略上认识不足的原因，但更根本的其实在于日本企业所需的数字化人才，特别是互联网相关业务所需的计算机软件开发人才严重不足。与美国企业相比，日本的人才缺口非常明显，并且已经持续了很长一段时间。

日本此类人才的数量与美国相差甚远（美国的可用人才远远多于日本）。这使得日本企业无法像美国企业那样实施有效的数字化战略和互联网业务战略。

互联网领域的人才短缺正是日本企业人才投资落后所导致的代表性问题。但其实在其背后还有一些更加深层次的原因，我们不能完全地将它归咎于企业自身。

与美国相比，日本的数字化人才明显不足，其主要原因有二。第一，日本的大学体系未能培养出足够的人才，在这一点上日本远远落后于美国，后面我们还会详细讨论。因此，日本企业很难找到既可以胜任相关工作又会说日语（对日本企业来说没有语言障碍）的人才。

第二，日本企业并没有积极地从海外引进数字化人才。

我认为它们应该投入更多资金进行人才引进，然而事实并非如此。

实际上，这两点都不能完全归咎于日本企业。第一个原因的主要责任在于日本的大学体系（以及其背后的日本政府）；第二个原因则是日本企业天生就不得不面对的壁垒——日语只在日本通用。

首先，让我们来看看日本国内计算机科学人才的严重短缺问题。

一个成熟的 IT 软件基础人才（更具体地说是计算机科学领域的人才）至少需要培养到研究生阶段。在任何国家，这样的人才都主要来源于该国的大学体系。而在大学向企业输送人才这一方面，日本一直大大落后于美国，处于明显的劣势，难以匹敌。

日本与美国每年在计算机科学人才供给量上的差距约为 10 倍，并且这一差距已经持续了 30 年。每年这种差距都会不断积累，最终导致了人才储备量上的巨大鸿沟。这种差别是天壤之别。

根据美国大学统计（Digest of Education Statistics），计算机和信息科学这一专业在美国设立已久。1986 年，这一专业的学士毕业生为 42 000 人，硕士毕业生为 8 000 人。到了 2015 年，学士毕业生增至 60 000 人，硕士毕业生增至 31 000 人。其中，特别是硕士层次人才的巨大增长值得关注。在这 30 年里，美国大学向社会持续提供了大量的 IT 和互联网人才。

然而，在日本文部科学省的大学统计数据（学校基本调查）中，你甚至找不到计算机科学或信息工程这样的专业，接近的也只有管理工程专业。我想可能会有一些电信工程专业的学生在专攻计算机，还有一些被分到工程学其他专业里的学生所学的专业或许与计算机相关。

由于没有正式的统计数据，我假设管理工程的 60%、电信工程的 20% 以及其他工程专业的 10% 的学生专攻计算机科学，这已经是往多里计算了。根据这一假设，1986 年日本大学向社会提供的计算机科学人才总量大约有学士 8 460 名，硕士 653 名。2015 年学士约为 9 990 名，硕士约为 3 024 名。

如果计算一下日美两国大学提供的人才数量比值（即美国是日本的多少倍），1986 年学士是 5 倍，硕士是 12 倍；2015 年学士是 6 倍，硕士是 10 倍。日本与美国的差距并没有丝毫缩小。这意味着在过去的 30 年里，日美间学士人才数量差距约为 5 倍，硕士人才数量差距约为 10 倍。鉴于互联网平台的开发通常需要硕士以上层次的人才，因此我之前总结道："日美之间有着近 10 倍的差距，并且这一差距已经持续了 30 年。"

顺便一提，在 20 世纪 70 年代至 80 年代，日本的电子产业超越美国并在全球大放异彩。而在 20 世纪 60 年代的整个十年里，日本大学向社会提供的电子工程学学士数量是美国的两倍以上。

大学毕业生一般在进入职场约 10 年后能够成为骨干力量。日本企业正是凭借着这种人才数量优势的积累才得以在电子产业上超越美国。

然而在整个平成时代[㊀]，IT 和互联网领域的人才培养出现了断层。之后，日本企业在这一领域的落后也就理所当然了。美国的创业氛围更加活跃，绝不是造成日本落后的主要原因。

的确，GAFAM 公司都是以初创的形式起步。我不否认美国的创业环境促进了这些公司的成长，但我不认为这是日本在这一领域大幅落后的根本原因。

除了国内大学的人才培养有差距，在海外人才引进上，日美也有所不同。在美国的数字企业中，有许多受过海外

㊀ 指 1989 年 1 月 8 日到 2019 年 4 月 30 日。——译者注

教育的人才，尤其是印度裔的人才。只要能说英语，就能在美国企业工作。

此外，许多优秀的俄罗斯以及其他东欧国家人才移民美国，他们其中很多人接受过计算机科学的教育。美国也优先接受了这些人才。

有许多希望在全球舞台上有所作为的印度裔和华裔人才前往美国，他们都是美国的人力资源。英语作为国际性语言，极大地帮助了这些人才融入美国社会。

尽管日本企业并非完全没有获取海外人才的途径，但由于日语是一种单一国家语言，相较于母语为国际性语言——英语的美国企业来说，日本企业在招聘人才方面自然处于不利地位。这应归咎于语言的壁垒，而不仅仅是日本企业的问题。

总的来说，日本在数字化方面的落后，归根结底是由于在人才上的巨大缺口，其根本原因主要有二：一是日本的大学体系未能提供足够的人才，二是语言障碍的存在，日本企业很难从海外引进人才。然而，正如我之前所讲的那样，将这一切说成是日本企业的责任有点不太公平。大学体系不能够提供足够的人才，这应该归咎于国家对数字化人才投资的轻视。

不过，企业也应对此承担部分责任。对于大学的人才培养不足这一问题，企业本可以更加积极地呼吁政府和大学解决这一问题。

对于海外人才的获取问题，正如我在讲到外派人才短缺时所说的那样，日本企业应该更早地采取措施，加强企业内部英语人才的培养力度，从而克服日语的壁垒。日本企业应该更早地认识到日语作为一种单一国家语言所带来的劣势。

| 第 3 章 |

资金流向了股票分红

限制投资省下来的钱去了哪里

在上一章我们谈到，日本企业对三类投资（设备投资、海外投资和人才投资）进行了过度限制，这是它们在“失去的三十年”里犯下的重大错误。**投资力度是判断一个企业成长前景最基本的指标，但在这一方面，“随波逐流的日本企业”毫无疑问是可悲的**。

但通过限制投资，日本企业的确节省了不少资金。那么，**这些节省下来的资金到底用在了哪里？这些钱去了哪里**？

因为连对未来的投资都在拼命节省，我们可以假设其他各种费用也在很大程度上被节省下来。这些节省下来的资金的用途大致可以归结为三个方面：一是分配给员工，提高工资；二是增加股东的分红；三是不让资金外流，留存在企业内部。

本章将揭示日本企业是如何使用这些“节省”下来的资金的。不论是大企业还是中小企业，它们基本都没有选择第一条路（提高工资）。大企业优先选择了第二条路（也有部分资金投入到了第三条路），而中小企业则没有选择增加分红，而是走了第三条路（确保内部留存）。

在这里，日本企业同样犯下了重大错误，陷入“随波逐流”，这实在令人遗憾。

经济是循环的。企业以某种形式使用资金，资金流向企业外部从而刺激经济活动，这种刺激反过来会推动日本经济的整体增长，然而，日本企业却选择了一种不易促成经济增长的资金使用模式。

例如，如果日本企业整体提高工资，将节省下来的大部分资金支付给日本员工的话，这将提高他们的家庭收入，进而刺激消费。由于消费在经济中占有较大比重，它反过来会促进日本经济增长，并最终回馈到各个企业。

当然，增加股东分红也能刺激经济。享受分红的股东可能会增加投资或消费活动。然而，由于股东中有相当一部分是外国人，增加分红可能导致资金流向国外，这对日本经济的刺激效果可能不如提高工资。

此外，选择扩大内部留存的企业也有一部分会将其用于设备投资之外的其他投资，但大多数企业往往只是增持现金等流动资产，这对经济循环的促进作用可能不如增加家庭收入那么显著。

当然，日本企业，尤其是大企业，选择将资金用于增加股东分红和确保内部留存有其理由。

在本章我们将对此进行讨论，但总的来说，我对“如此大幅度地增加分红、扩大内部留存”持怀疑态度。在泡沫经济破裂、银行系统大重组后，日本企业可能对风险变得过于敏感，太过关注股东导致反应过激。

正如图 1-7 所展示的，日本大企业在次贷危机后对设备投资的限制力度非常大（即设备投资大幅下降）。在次贷危机后的复苏过程中，日本大企业的行为模式也存在一些令人困惑之处。

如图 2-3 所示，日本企业的借款额有所增加。尽管经常性净利润率大幅改善，内部现金流增加，但其设备投资占现金流的比率反而下降了（参见图 2-2）。换句话说，在现金流、借款额增加的情况下，日本企业没有增加设备投资。

多出来的资金主要用于提高分红，这一点在后文中的图 3-2 有所展示，这是一个令人震惊的事实。到 2021 年，分红甚至超过了设备投资。为什么在限制投资的同时还要如此大幅地提高分红？对此，我并没有找到令人信服的理由。我推测，这是日本大企业为了避免来自股市的“责难”而做出的选择。

未公开上市的日本中小企业，不受股市压力影响，所以几乎不存在提高分红的现象。这一事实也验证了我的推测。

同为日本经济体中的一部分，但自 2001 年以来，日本的大企业与中小企业之间竟存在着如此巨大的差异。而这一令人惊讶的结论在此前却几乎无人提及。

此外，资金的分配不仅仅只是企业活动所产生现金流（即经常性净利润加上折旧金额）的分配问题。企业存在的意义在于在市场经济中创造附加值。附加值的一部分分配给劳动者作为人力成本，另一部分则分配给资本提供者，如通过股票分红或是支付给银行的利息的形式。同时，政府作为社会基础设施的提供者，也从附加值中分得税收。支付完这些后剩下的部分则作为内部留存，分配给企业自身。

关于附加值的分配我们在后面的内容中会展开探讨。其中将会谈到，尤其是日本大企业，在过去的 20 多年中减少了对劳动的分配，而大幅增加了对股东的分配和对企业自身的分配。这种资金分配方式是否真的有利于日本企业实现整体性增长呢？

在本章的前半部分，我将详细考察在“失去的三十年”里，日本企业在现金流分配和附加值分配方面的行为模式。

在本章的后半部分，我将讨论这些日本企业的实际行为，是否真的有助于它们在泡沫经济破裂、次贷危机后实现新的增长，其本身是否真的具有高度的经济合理性。

现金流流向了何方

2021 年，日本企业整体的现金流（经常性净利润加上折旧）总额大约为 125 万亿日元。其中，大企业为 68 万亿日元，中小企业为 57 万亿日元，大企业占整体的约 54%。在过去的 30 年里，这个比率基本没有发生变化。

对于一个成长中的企业来说，现金流的最大用途通常是设备投资。但同时，也要用于支付股东分红、增加内部留存。此外，还有一部分可能会用于偿还借款。图 3-1 展示了日本企业在设备投资、股票分红和内部留存三方面的现金流整体分配情况。

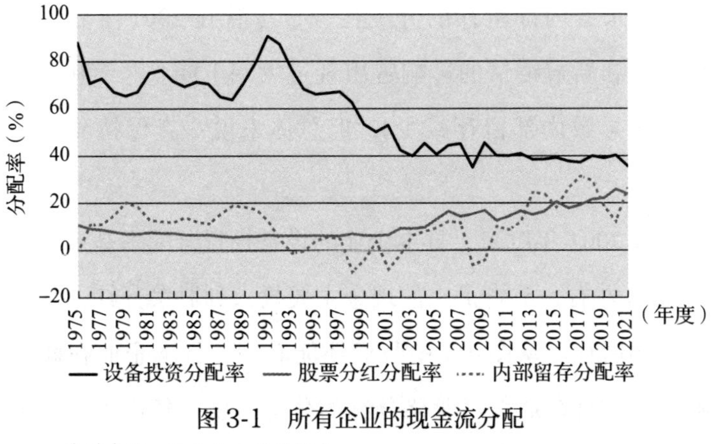

图 3-1 所有企业的现金流分配

资料来源：法人企业统计调查。

在稳定增长期，日本企业对设备投资的分配占比是压倒性的。正如上一章所述，设备投资占现金流的比率在 70% 左右，也正是因此日本企业实现了增长。然而，随着泡沫经济的破裂，日本企业的设备投资分配率大幅下降，到 2001 年，降至约 40%，并从那时起基本保持平稳。这种现金流的使用方式，正是日本企业再难实现增长的原因。

与此同时，值得注意的是直到 2001 年，日本企业的股票分红分配比率一直稳定在 6% 左右。也就是说，日本企业每年都会根据当年现金流的大小调整股票分红额度来维持这一水平。

然而，自 2001 年起，股票分红的分配比率开始持续上升，在 2021 年达到了约 24%，是稳定增长期的 4 倍。

再来看内部留存的分配比率，尽管在2001年后因次贷危机和新冠疫情的影响曾出现过大幅下降（由于利润大幅下滑导致内部留存减少），但总体来说一直保持着上升趋势。

自2001年以来，日本企业的设备投资分配率基本稳定在40%左右，节省下来的现金主要投入到股票分红，其次是内部留存。从图3-1中我们还能看到，日本企业在此基础上还一直在加大对股票分红的分配力度，其比率以一定的速度保持上升。

十分有趣的是，在稳定增长期，日本企业内部留存的分配比率始终高于股票分红。这体现了当时企业管理层更倾向于将资金留在企业内部，而不是分配给股东。然而，这一态度在2001年以后发生了变化，转为更加重视股票分红。

同时，我们还应该注意到，大企业和中小企业现金流的使用存在相当大的差异。为了更好地进行比较，利用图3-1的整体数据分别绘制出大企业和中小企业各自数据的折线图，即图3-2和图3-3。

通过对比这两张图，我们很容易就能发现自2001年以来，大企业和中小企业在股票分红分配率上的不同趋势。大企业持续且显著地提高了股票分红分配率，中小企业虽也略有提高，但远低于大企业。

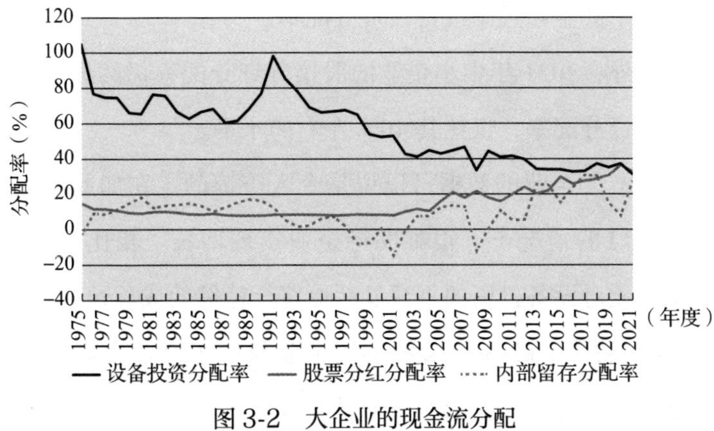

图 3-2　大企业的现金流分配

资料来源：法人企业统计调查。

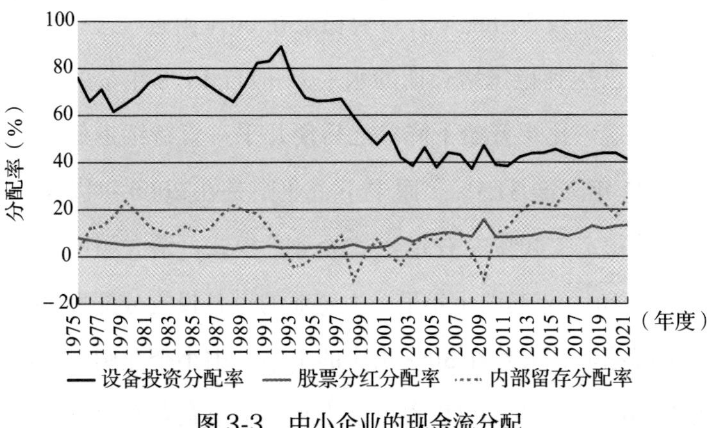

图 3-3　中小企业的现金流分配

资料来源：法人企业统计调查。

其结果就是，从 2014 年左右开始，大企业的股票分红分配率慢慢增长至与设备投资分配率相近的水平（日本公司治理改革正式开始于 2014 年），到了 2021 年时，股票分红分配率甚至超过了设备投资分配率。

另外，2021 年中小企业的股票分红分配率仍然远低于设备投资分配率，仅达其 40% 左右的水平。

日本大企业的数据可以说是令人震惊的。在如此重视股票分红的情况下，很难期待企业实现增长。相比之下，中小企业对设备投资的重视显然更符合稳健的成长预期。

图 3-2 与图 3-3 还揭示了大企业与中小企业在设备投资分配率变化模式上的另一个显著差异。

在泡沫经济破裂后的复苏期（1995 年左右），日本大企业的设备投资分配率曾短暂稳定在 60% 附近（这一数据实际上已达到稳定增长期的水平），但自 1998 年金融危机以来，这一比率开始下降，之后便几乎一直持续走低，直至 2021 年降至 31.1%。而中小企业则是在 2000 年以来一直保持稳定（40% 左右），与大企业的模式可谓大相径庭。

在 2010 年起的十年里，大企业的设备投资分配率一直呈下降趋势，大致在 30% 出头的水平，中小企业则一直保持在 40% 多一点。可以说，这十年里中小企业在设备投资上比大企业更为积极。正是在这一背景下，股票分红分配率呈现出巨大差异。

尽管媒体常常批评称“日本企业过于重视内部留存”，但实际上，自泡沫经济破裂以来，大企业的股票分红分配率几乎一直高于内部留存。只有中小企业的内部留存分配率在 2010 年开始的十年里一直高于股票分红分配率。

换句话说，**次贷危机后日本大企业和中小企业的资金分配情况就是，大企业在增加股票分红、减少设备投资；中小企业则未增加股票分红，而是更加积极地进行设备投资，同时增加内部留存**。

日本的中小企业大多属于家族经营的企业。也就是说，其主要股东往往是经营者本人或其家庭成员。这些中小企业并不像大企业那样重视股票分红。而大多由职业经理人管理的大企业，自 2001 年之后（尤其是 2011 年左右），对股票分红的重视程度大幅提高，最后它们的股票分红分配率甚至超过了设备投资。

这是为什么呢？关于这一点将在本章的后半部分进行阐释。

分析附加值分配的意义

在上一节我们讨论了现金流的分配问题，是对未来进行设备投资，还是用于当下提高对股东的分红，企业每年在做出经营决策时，需要在这两者之间做出权衡并确定分配的比率。

确定这种分配比率是进行经营决策的重要环节，因为支付股票分红和设备投资都意味着企业资金的外流，但它们对企业成长的贡献却有很大的不同。

一方面，支付股票分红后流出的资金便成了股东可以自由支配的资金，但未来是否会对企业的成长有什么帮助并不确定。这里所说的不确定是指，企业在未来是否会通过增加注册资本的方式来筹集成长资金，以及当企业未来决定融资时，这些曾获得股票分红的股东是否会响应融资，这些在发放股票分红后是未知的。

另一方面，设备投资虽然也意味着企业资金以购买设备的形式流出，但这种资金流出有助于企业未来成长所需的生产设备的完善以及设备研发。如果设备投资在具体实施时没有出现重大失误，那么它在大多数时候对于企业的成长就能有很大的贡献。因此，把资金分配给设备投资被普遍视为推动企业成长的重要手段。

换句话说，在上一节讨论的现金流分配的三种去向中，股票分红是完完全全的资金外流，而设备投资和内部留存则是在企业内部将资金以不同的资产形式（如设备、现金存款或有价证券）保留了下来。

简言之，如果资金完全流向外部，它将不会对企业的成长有任何贡献；如果资金在企业内以各种其他资产形式保留了下来，它可能对未来的发展有所贡献。因此一般来说，从企业成长的角度来看，设备投资是最重要的，其次则是内部留存。

当然，尽管股票分红就是单纯的资金外流，但对于股份制公司来说，这是一项必需的外部支付。因为如果你想建立一个名为企业的经济组织，必不可少的两个要素是资金和人力。股东提供了没有还款期限的权益资本（以不要求返还为前提），为你解决了第一个难题。（相比之下，银行向企业提供的贷款资本是有还款要求的，并需要支付利息作为其回报。）

同时，对于构成企业这一经济组织的另一个要素，即提供“人力”的员工们，企业也会以薪资的形式给予他们经济回报。从企业作为一个法人实体的角度来看，这种支付同样完全是资金的外流。员工所领取的薪资是他们可以自由支配的资金，企业无法将这部分资金保留在内部。

但换一个角度来说，薪资的高低往往会给员工参与企业活动的积极性和其自身的工作意愿带来重大影响。一般来说，较高的薪资支付意味着更高的员工参与度和工作积极性。

而就股票分红而言，它当然也能增强股东对企业的贡献意愿，但股东贡献的多少只有在企业需要融资时才能够体现出来，而对日本企业来说这种时候并不多（在本章的后半部分将谈到日本上市企业的融资机会极少）。

较高的薪资支付可能会对企业成长产生积极影响（尽管从企业的角度来看，这意味着资金的流出），而较高的股票分红则对企业成长的贡献较为有限。但是对于股份制公司，股票分红又是必需的外部支出。

因此，企业能否从长期经营和成长可能性的角度，保持股票分红和薪资这两种资金外流方向的平衡，及时调整两者的比例，是一个极为重要的问题。为深入分析这个问题，接下来我们将先通过数据来看看日本企业“附加值的分配”。

日本企业的附加值分配模式

企业创造的附加值，是指由企业产出（产品或服务）的市场价值（即销售额）减去为了实现这些产出而投入的市场价值（即从外部购买的原材料等各种投入的费用）所得到的差额。换句话说，在市场上销售所获得的金额与从市场上购买原材料等所支付的金额之间的差额，就是企业创造的经济价值。

企业的人力成本并不是向外部支付的，而是一项对企业内部人员的分配，所以我们在计算附加值时不用减去它。我们可以通过企业的营业利润和人力成本来大致得出企业创造的附加值：

附加值 = 营业利润 + 人力成本

因为我们在计算营业利润时已扣除过人力成本，故将其加回来便可计算得出附加值。

它是企业所创造经济价值的基本指标。这个概念在一国的经济中相当于国民生产总值，而企业的“生产总值”则为企业的附加值。

有资格从这个附加值中获得支付的人包括在企业工作的员工、提供企业所需资本的股东以及提供借入资本的银行。此外，因为国家和地方政府向企业提供了社会基础设施，所以它们也会从企业征得税款。向这些支持企业活动的贡献方支付后留下来的剩余部分，就是企业的内部留存。

在附加值中，我们将支付给员工人力成本的部分称为劳动分配率（人力成本 / 附加值），支付给股东股票分红的部分称为股东分配率（股票分红 / 附加值），支付给银行利息的部分称为银行分配率（借款利息 / 附加值）。而企业的内部留存则被视为企业自身从附加值中得到的分配，我们称之为企业分配率（内部留存 / 附加值）（在下文的分析中我们将不讨论支付给政府的部分，因为它通常不太重要）。

2021 年，日本企业整体的附加值约为 300 万亿日元，其中大企业为 102 万亿日元，中小企业为 198 万亿日元，中小企业占日本企业附加值的 66%。

图 3-4 展示了日本企业整体的附加值分配模式。为了便于分析这 20 年以来的变化，图 3-4 中并未展示出银行分配率，而只关注了其他三个指标。之后，我们将专门探讨银行和股东角色互换的经过。

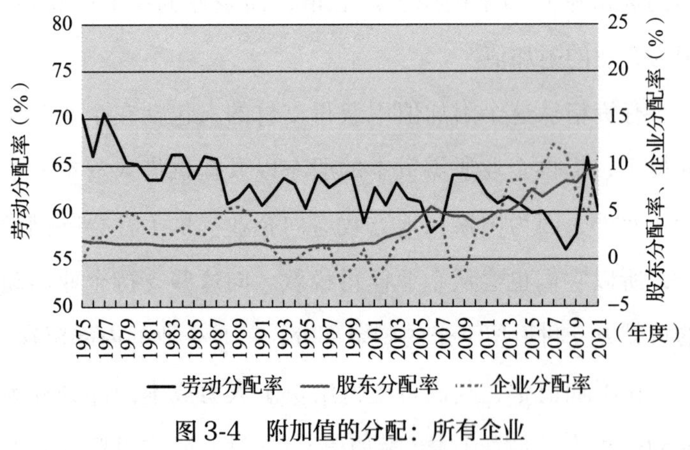

图 3-4　附加值的分配：所有企业

资料来源：法人企业统计调查。

在图 3-4 中，左轴为劳动分配率，右轴为股东分配率和企业分配率。为了便于比较三种分配率之间的增减变化，两个轴的刻度均按 5% 设置间隔。

从图 3-4 中我们可以看到以下三个特点。

第一，劳动分配率长期呈现出缓慢下降的趋势。其中，在次贷危机后，劳动分配率从约 64% 大幅下降至 2018 年的约 56%（后因新冠疫情的影响，劳动分配率再次上升，后文将对此进行讨论）。

第二，股东分配率长期呈现出显著的增长趋势。直至 2001 年前后，股东分配率一直非常稳定地保持在 1.5% 左右，但在那之后就开始了持续上升，到 2021 年达到了 10%。我们在分析现金流分配时也看到了 2001 年以后日本企业重视股票分红的长期趋势，这一点在附加值的分配中也有所体现。

第三，劳动分配率与企业分配率呈现此消彼长的态势。即经济景气时，劳动分配率下降，企业分配率上升；经济不景气时，劳动分配率上升，企业分配率下降。

第三个特点表明，日本企业倾向于保持其人力成本支出的长期稳定，与其营收情况无关。

经济不景气时，企业创造的附加值增长乏力，甚至会有所减少。但即便如此，日本企业仍会努力维持人力成本支出的水平（不太倾向于裁员），因此在经济不景气时其劳动分配率会上升（这在新冠疫情时也发生了）。

相反，即使经济状况好转，日本企业也不太会提高人力成本，其劳动分配率会下降，而企业利润增加，内部留存也随之增加。也就是说，企业分配率会上升。

在此虽未列出美国相关企业的分析数据，但据我了解，它们的劳动分配率与经济状况变化关系不大。经济不景气时附加值减少，美国企业会立即调整雇佣，降低人力成本支出。由此，它们的劳动分配率与经济状况关系并不大，总体上保持稳定。也正是由于美日企业在保障就业政策上的显著差异，美国的失业率较日本而言，波动会显得更加剧烈（从 3% 到 10% 以上）。

大企业和中小企业在附加值分配上的显著差异

上一节，我们谈到了大企业与中小企业在现金流分配上的显著差异。本节我们将继续探讨它们在附加值分配上的不同选择。

为了更直观地理解，请参见图 3-5 和图 3-6，它们分别展示了大企业和中小企业附加值的分配情况。为了便于视觉上的比较，两张图左右轴的刻度均按 5% 设置间隔。

通过对比图 3-5 和图 3-6，我们可以清晰地看到大企业和中小企业之间的显著差异。实际上，上一节所展示的日本企业整体的附加值分配变化，就是这两个数据差异巨大的企业群体平均后的情况。

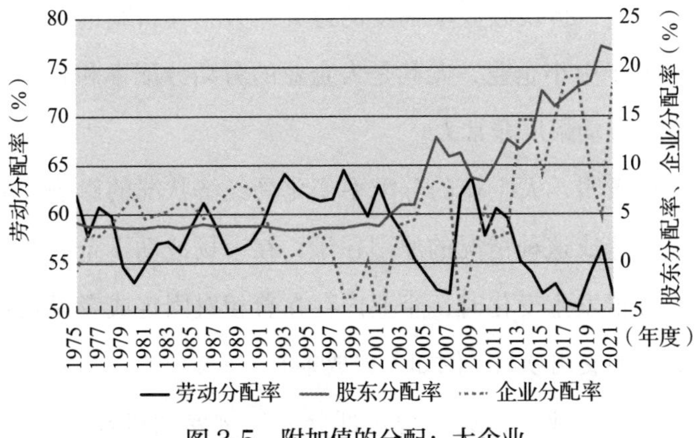

图 3-5　附加值的分配：大企业

资料来源：法人企业统计调查。

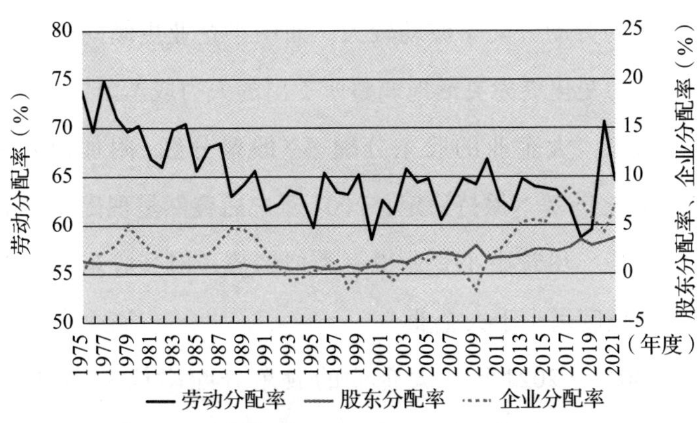

图 3-6　附加值的分配：中小企业

资料来源：法人企业统计调查。

通过比较图 3-5 和图 3-6 可以看出，日本的大企业在附加值分配上相当独特。与中小企业相比，主要有三点不同。

第一，折线图波动幅度的差异。大企业折线的波动幅度远大于中小企业，尤其是大企业的劳动分配率和企业分配率的波动幅度非常大。

这表明，大企业的分配率变化受经济状况的影响较为明显。造成这种情况的原因在于，在市场波动、企业产出的附加值发生变化时，企业内存在着相对固定或者说是相对稳定的支出项目（例如人力成本）。

在大企业中，这类稳定部分的比例要大得多。因此，当我们把附加值作为分母，人力成本作为分子时，就显得大企业的劳动分配率波动较大。而中小企业更倾向于根据附加值的变化更为灵活地调整所支出的人力成本。

第二，大企业的股东分配率（股票分红 / 附加值）在 2001 年之前基本保持稳定，2001 年之后突然呈现出持续上升的趋势。尽管中小企业也有类似趋势，但其股东分配率的上升幅度远小于大企业。

2001 ～ 2021 年，大企业的股东分配率从 3.7% 上升至 21.8%，增长约 18%。在上一章我们也谈到了，正是这一显著提高使得在 2021 年股票分红分配额超越了设备投资。

第三，大企业在经济复苏期大幅降低劳动分配率的倾向尤为明显，2001 年至 2007 年（次贷危机的前一年）以及

2010 年至 2018 年这两个时间段均是如此。而中小企业则未见此倾向。在这两个时间段内，大企业的劳动分配率都下降了 10% 以上。

也就是说，大企业在 2001 年之后的利润复苏期里，不断压低附加值中的劳动分配率，限制人力成本支出。在上一章，我们特别指出了大企业过度限制投资的倾向，而事实上日本的大企业不仅在限制投资，还在限制人力成本的提高。从这些地方节省下来的资金流向了股票分红。

但在经济衰退导致企业附加值减少时，日本大企业会尽力维持人力成本的稳定，因此在这一时期内其劳动分配率会大幅上升。这种现象在泡沫经济破裂和次贷危机这两次严重的经济衰退期间尤为明显。

这种行为自然会导致利润的大幅下降，企业分配率减少。因此，劳动分配率和企业分配率（内部留存）就呈现出了此消彼长的态势，这一点在图 3-5 中十分明显。

值得关注的是，在新冠疫情导致的经济衰退期间，劳动分配率的上升幅度明显小于泡沫经济破裂时期和次贷危机时期。这表明，大企业在 2010 年之前仍会牺牲自己的利益来尽力保障员工就业，但进入 21 世纪 10 年代后，这种重视就业的态度有所减弱。

上述大企业与中小企业的差异，主要是从大企业行为的角度进行的比较。如果从中小企业的分配特点出发，可以从图 3-6 中总结出以下几点：

- 各种分配率的波动幅度不大。
- 股东分配率长期来看虽略有上升，但幅度不大。
- 自泡沫经济破裂后劳动分配率一直在一个较小的范围内波动（在新冠疫情时，企业的利润有所减少；这一时期在政府的支持下，企业又在尽力保障人力成本支出的稳定。2020 年劳动分配率迅速上升的原因或许就在于此）。
- 与大企业相比，劳动分配率与企业分配率此消彼长的关系并不明显。

总结以上这些特点并与大企业进行比较，我们可以看出中小企业并不像大企业那样极端地重视股东利益，同时也未表现出明显的、在经济复苏期限制人力成本的倾向，这表明中小企业在经营上更重视员工。

将两者（大企业与中小企业）的劳动分配率直接进行比较，我们就可以更加清晰地看到这些特点，请参见图 3-7。

大企业的劳动分配率几乎在任何一个时间节点都低于中小企业。这种现象的根本原因在于，大企业的业务结构多是技术型的，更依赖于资本设备，并不意味着它们对人力成本支出特别吝啬。

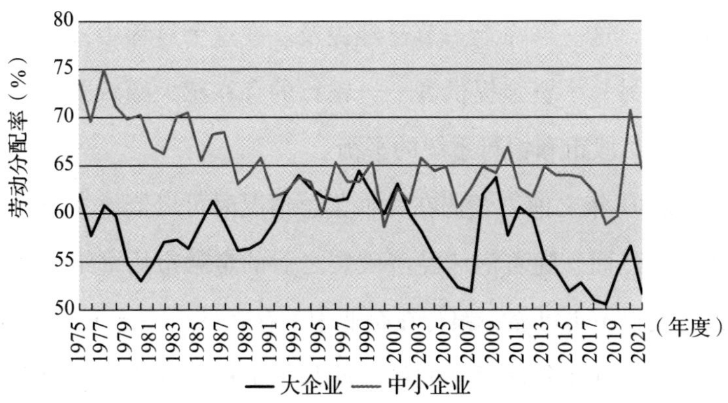

图 3-7 劳动分配率：大企业与中小企业

资料来源：法人企业统计调查。

虽说只是业务结构的不同影响了劳动分配率的水平，但从长期的变化趋势来看，中小企业和大企业也有显著不同。

泡沫经济破裂至今，中小企业的劳动分配率一直相对稳定在 60% ～ 65%。而大企业在业绩回升期的劳动分配率却长期呈现出下降趋势，一直到 2018 年，降至历史最低的 50.4%。

这表明在过去的 20 年里，大企业在经营上十分倾向于降低劳动分配率以限制人力成本支出。

银行作为资金提供者的存在感极低

日本的大企业（特别是上市公司）日益倾向于以股东为中心，这一点在上一节已经提及。在这个过程中，作为企业的另一个资金提供者——银行的存在感大幅减弱，这威胁到了股市和银行系统的平衡。

2001 年之前，企业在面临紧急情况时可以依靠大银行兜底。然而，随着泡沫经济破裂之后的金融市场重组，大银行变得不再可靠，银行在企业中的存在感也一落千丈。

一个具有象征意义的例子就是第 1 章所讲的日产的主要银行——日本兴业银行，由于在泡沫经济破裂中遭受重创，已无力支持日产，最终导致日产被雷诺以约 8 000 亿日元的低价收购。

图 3-8 用数据清晰地向我们展示了 2001 年以后，不论是大企业还是中小企业，对银行的重视程度都在显著减弱。相对而言，企业的另一资方——股东的存在感却在大幅增强。然而正如后文所述，作为资金的提供来源，股东的贡献力度实际上远不如银行。

图 3-8 表明，自 2001 年左右开始，日本企业对资金来源方的分配模式发生了显著变化。2001 年之前，企业显然更重视银行，但在此之后，大企业明显地转变为股东导向，

中小企业虽仍保持着不重视股东的态度，但也逐渐开始减弱对银行的依赖。

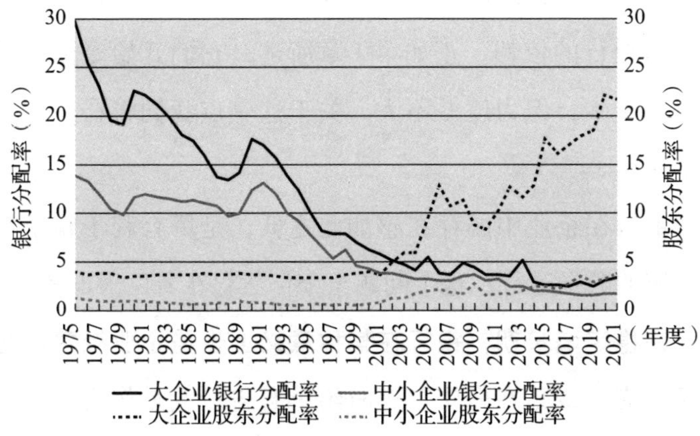

图 3-8 银行分配率和股东分配率：大企业与中小企业

资料来源：法人企业统计调查。

在分配附加值时不再重视银行，意味着企业逐渐摆脱了对银行借款的依赖，且由于利率水平极低，企业贷款利息支付的必要金额自然减少。换句话说，企业不再看重银行作为资金提供者的作用。这在 2001 年以后成为日本企业（不论规模大小）普遍采取的经营策略。

曾经有人这样嘲讽道：在泡沫经济破裂之前（包括稳定增长期），日本企业可以说几乎都是在为银行打工。大企业将近 20% 的附加值，中小企业将超过 10% 的附加值，都以利息的形式支付给了银行。这种高度依赖银行的经营模式在当时十分普遍。

然而，随着 2001 年银行系统重组，银行不再是企业在关键时刻的救命稻草，日本企业不论规模大小，都大幅降低了对银行的依赖。正如第 1 章所述，它们开始专注于增加自身资本，但力度并不大。关于这一点我们将在后文进一步讨论。

银行在企业中的存在感如此之低，是否有利于整个经济系统的顺畅运行？这个问题至今仍然存在着巨大的争议。

在稳定增长期，银行在某种意义上也是企业经营质量的评判者。或是在融资审查时给予警告，或是作为企业的主要银行，提供经营建议。**在这一时期，企业采取错误行动时，银行往往扮演着吹哨人的角色**。

但是在泡沫经济时期，银行先是过度放款引诱企业“陷入”投机泥潭。泡沫经济破裂后，银行又受到巨大打击自顾不暇。经过这个过程，银行在企业中的影响力大大减弱。

即便如此，如果此时另一资金提供者——**股东能担负起“吹哨人”的警告职责，那也还为时不晚。但实际上正如后文所述，大多数股东只会追求资金回报**，因此当企业即将误入歧途时，能制止它的声音消失了。

此外，前文多次提及，大企业和中小企业在股东导向的态度上存在明显差异。这一点在图 3-8 中也可以得到证实：**大企业的股东分配率持续上升，远超中小企业。但是，给股东如此巨额的股票分红的这种经营模式是否合理，尚存在很大疑问。**

泡沫经济破裂是日本金融系统的重大污点。这一重大事件的后遗症就是，日本企业将对银行的依赖主动降到了最低，同时大企业开始极力强化对股东的重视。此外，随着大企业的转变，其内部轻视劳动分配率的倾向也随之出现。

将这种经营策略作为日本企业未来的成长战略是否合理？我想还需要进行严肃的讨论和反思。

为何大企业对股东的分红变得如此之多

到此我们可以看到，自 2001 年以来，日本大企业在现金流和附加值的分配上明显提高了股东分配的比率，尤其在次贷危机前后，这一倾向最为显著。这种经营策略与中小企业截然不同。

是否因为大企业从股东那里获得了更多的资本，作为回报，相应地提高了股票分红呢？如果真是这样的话，那也说得过去。

但从图3-9中我们可以看出，事实并非如此。图3-9展示了日本企业股票分红与从股东那里募集的资金（包括股本和资本公积）的比率（以下简称股息率）的变化。股本指的是股东购买票面价格股票的出资额，资本公积则指的是股东购买超过票面价格的股票的出资额。

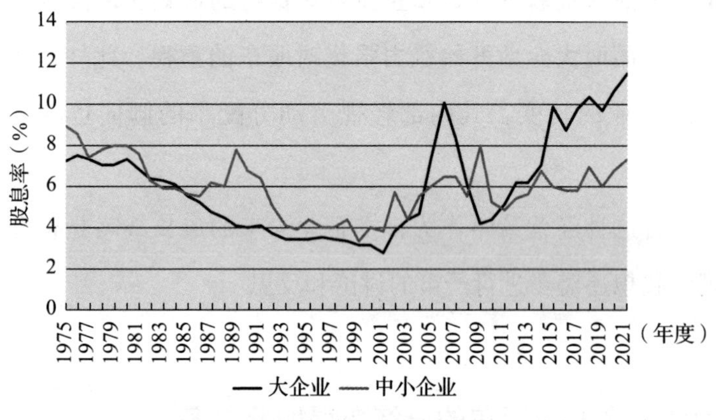

图3-9 股息率（股票分红 / 股东出资）

资料来源：法人企业统计调查。

2001年是一个明显的分水岭，日本的大企业自那以后开始转而加强对股东的重视。尽管在次贷危机期间（由于企业的利润减少），这一趋势有所缓和，但在危机之后又卷土重来，大企业的股息率从2009年的4%增长至2021年的11.5%，11年里足足提高了7.5%。

然而，大企业的股东出资额本身并没有显著增加。

2009 年，日本大企业的股东出资额为 166 万亿日元，到 2021 年这一数字仅增至 193 万亿日元（增长率为 16%）。而在同一时期，股票分红从 7 万亿日元上涨到 22 万亿日元，是以前的三倍多。

参考此前列出的各种股票分红相关的图，不难发现 2001 年确实是一个明显的拐点。在那之前，日本企业的股息率长期呈下降趋势，但在那一年之后，股息率开始反弹，之后迎来了大幅上升。

对于中小企业来说，2001 年同样是一个转折点，但之后的发展轨迹却与大企业大相径庭。中小企业的股息率自 2001 年起仅有小幅增长（从 4% 增至 7%），与大企业相差甚远。

但在图 3-8 中我们可以看到，中小企业的股东分配率在 2009 ～ 2021 年略有增加。这是因为这一时期中小企业的股东出资额有了大幅增长。2009 年，中小企业的股东出资额为 65 万亿日元，到 2021 年增加至 106 万亿日元，增长了 63%。

次贷危机之后，日本的大企业在股东出资额几乎没有增加的情况下，大幅提高了股票分红，日本的中小企业则是因为股东出资额的增长而相应地增加了股票分红。中小企业多是家族经营的企业，经营方式显得更为合理。它们没有像大企业一样，转向股东至上的经营策略。

有趣的是 2001 年，也就是大企业开始转向重视股东的那一年，我从一家日本财阀企业主管人事的专务董事那里听到了这样一席话。他说："现在必须要重视股东了。"这是在喝了酒之后的真心话，至今仍令我印象深刻。

我一直主张：比起股东，日本企业以员工分配为优先的做法具有高度的经济合理性。一直以来，这位专务董事也非常认同我的观点。优先分配给员工可以提高他们对企业的信心，进而他们也会更加努力地为企业带来更多的利润，股东也会以股价上涨等方式从中受益，这就是我所说的合理性。

然而，当时他却以一种反省的口吻感叹道："现在不重视股东不行了。"他随后补充的这句话，实际上反映了当时许多日本企业经营者的真实想法。

他说之所以现在必须重视股东，是因为"过去几乎没有考虑他们，这对那些提供资本的股东来说是不负责任的"。他的意思是，日本企业绝不是在员工和股东之间进行比较后选择了更加重视股东，而是因为过去对股东的利益有所疏忽，所以现在需要更重视股东。

然而，一旦企业开始重视股东，这一趋势似乎就难以停止了。**为了提高股票分红，它们不得不压低劳动分配率，**

甚至不惜背负“轻视员工”的骂名。

我想刚刚提到的那位主管人事的专务董事在当时肯定没有想到这些后果。自 2000 年以来，大企业分配给股东的资金大幅增加，而支付给银行的利息（计算银行分配率的分子）则因低利率和企业控制借贷的政策显著下降。

以降低利息支出的方式填补提高股票分红的资金空缺也就罢了，但是真的有必要限制设备投资、压低劳动分配率吗？这样的经营策略我们很难找到一个合理的理由。

为什么大企业一旦开始重视股东，便刹不住车了？而与此同时，日本的中小企业却未曾有过类似的倾向。这是一个值得深思的问题。

政府主导的公司治理改革与激进投资者的动向

情况变得如此糟糕的根本原因在于日本政府主导的公司治理改革以及改革浪潮下激进投资者的要求。

一开始“公司治理改革”这个词还不太为人熟知，但 2000 年 8 月在日本首相官邸举行的产业再生会议上，时任索尼公司董事长兼 CEO 出井伸之等人提出日本应对商法进行大范围的修订（包括保护股东权益），其中特别是要推动公司治理改革。从那时起，这个词开始频繁出现在各大媒体上。

也正是这个时候，如图 3-9 所示，日本企业的股票分红迎来了转折点，开始呈现出上升趋势。因此，我们很难否认这种变化与舆论的动向无关。

在改革的呼声之下，2003 年 4 月日本法务省修订了《关于股份制公司监察的商法的特例法》，允许设置委员会的公司（指设置董事提名委员会、薪酬委员会和监事委员会而不单独设置审计的公司）与设置审计的公司并行存在。之后在 2005 年，又从根本上彻底修订了自 1950 年以来沿用半个世纪之久的公司法（新法于 2006 年施行），其主要内容包括完善委员会公司的制度体系、推广委员会公司制度。

在委员会公司中，董事提名委员会可以在没有董事会决议的情况下直接决定董事候选人并向股东大会提案。任免经营者、决定薪酬这些权力由（允许外部董事参与的）董事提名委员会和薪酬委员会把持。因此，股东主导的公司治理改革被认为是非常透明的。

然而，委员会公司这一形式至今仍未得到广泛普及。在日本改用这种形式的上市公司数量（包括东证一部、东证二部以及玛札兹板块[㊀]）在 2003 年有 44 家，2004 年仅有

㊀ 创业板。译自 MOTHERS，全称为 Market of the high-growth and emerging stocks。——译者注

16 家，之后其增长速度极为缓慢。截至 2023 年，总数也仅有 90 家，占东证约 3 800 家上市公司的 2% 左右。

尽管如此，委员会制度一直被日本企业看作先进的案例，在某种意义上这也致使股东至上的理念在日本的大企业中生根发芽。股东至上的立场被摆到明面上，则是在 2015 年 6 月日本金融厅联合东京证券交易所颁布的《日本公司治理准则》(以下简称《准则》)。其中明确规定了外部董事人数等以股东至上理念为基调的公司治理细节。例如，《准则》建议外部董事人数应不少于 3 人。

就在这一时期，来自美国的机构投资者投票顾问服务公司变得越发活跃，它们开始对众多机构投资者在股东大会上的投票施加影响。例如，它们曾建议一家公司的投资者否决净资产收益率（ROE）连续三年低于 5% 的公司总裁参加董事会提名。

此外，这一时期激进投资者（即购买大量股份，试图对公司管理层施加影响的机构投资者）对企业的要求也被媒体大肆报道。其中，具有代表性的两个诉求便是：增加分红和回购公司股票。

但这些要求从某种意义上说就是在逼迫企业将资金吐还给股东，许多经营者心中难免会产生这样的疑问：这些激进投资者是否真的在为企业的长远发展着想？从当时与日本企业经营者们的交谈中，我察觉到他们普遍怀有这种疑惑。

回顾日本公司治理改革以来股市上的这些动向，不难发现，每个重要的时间节点都与之前列出的几张图中折线的转折点重合。2001 年开始日本企业倒向股东至上；2005 年商法修订，股息率陡增陡降（见图 3-9）；2015 年《日本公司治理准则》颁布，大企业股息率飙升。

我们必须虚心坦诚地反省这些动向对日本大企业经营究竟产生了多大的影响，为何它们选择了重视股票分红、限制投资的经营策略？

假设大企业的股东分配率能够一直保持在次贷危机后复苏期（2010 年、2011 年左右）十多个百分点的水平，那么比起 2021 年的实际股东分配率 21.8% 将会下降 10 个百分点左右。

这样一来，日本大企业的股票分红总额将减少约 10 万亿日元。将这些资金用于设备投资的话，日本的设备投资额将从 44 万亿日元增加到 54 万亿日元，增幅超过 20%。仅就大企业而言，设备投资将从 20 万亿日元增加到 30 万亿日元，增幅高达 50%。

当然，这样的计算只是纸上谈兵。但通过这种假设也能让我们真正开始认真地反思，过度重视股东究竟带来了多么巨大的影响。

股市作为融资平台并未充分发挥作用

为何日本大企业会对政府主导下的公司治理改革如此敏感?(中小企业大多都没有上市，所以这一改革基本与它们无关。也正因如此，中小企业并未向重视股东的方向转变。)

最显而易见的“可能的答案”是，因为 2001 年以后银行变得不再可靠，所以对于企业而言，通过股票市场进行融资的重要性大幅提升。“股票市场是企业能够筹集有限责任风险资本的重要场所”——当听到这种教科书式的解释时，似乎非常合理。

但实际上，不论是在日本还是在其他大多数国家，股票市场的融资作用并不明显。相反，企业更多的是在利用它向投资者返还资金。这里所说的返还，是指通过分红向股东支付资金，或者通过回购本公司股票的方式更直接地向股东返利。

图 3-10 展示了东京证券交易所所有上市公司（通过增发新股或第三方定向增发等方式进行的）股票融资与股票回购的规模。

通过图 3-10 我们痛心地看到，一直以来股票融资在日本上市公司的融资来源中几乎微不足道。直到今天，情况也同样如此。

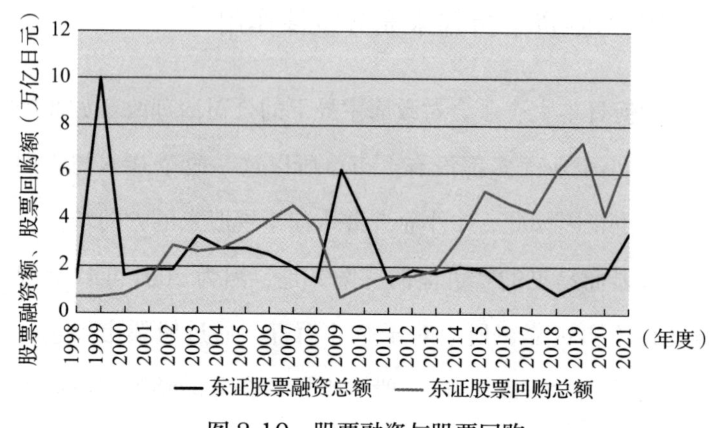

图 3-10　股票融资与股票回购

资料来源：东证统计、野村资本市场研究所。

图 3-10 显示，1999 年日本企业获得了一笔较大规模的增资，但其中大部分是日本的大银行为应对金融危机而注入的救市公共资金，在形式上这笔资金以市场交易的方式（第三方定向增发）注入了股市，因此这一年的融资额达到了 10 万亿日元的规模。

此外在 2009 年，银行和证券公司为了应对收紧净资产比率限制的新规而集中增资，所以这一年的融资额也达到了 6 万亿日元的水平。但以上两次都是特例，并非正常业务扩张需求下的股票市场融资。

除了这两个特殊年份，在 20 多年里东证整体的股票融资基本上维持在每年约 2 万亿日元的规模。此前提到过，

2021 年日本大企业的股票分红超过了 20 万亿日元。与之相比，股票融资额甚至不到其 1/10。而在此期间，东证的上市公司数量从大约 2 000 家增加到 3 800 家，平均每家公司每年的股票融资额还不到 10 亿日元，少之又少。

除了 1999 年和 2009 年这两个特殊的年份，在大多数时候东证上市公司的股票回购额都超过了股票融资额。不仅如此，自 2015 年以来股票回购的规模已经达到股票融资的两倍以上，在我看来这可能与 2015 年颁布《日本公司治理准则》不无关系。这一系列数据具有象征性地表明，**股票市场的功能不仅在于分红，公司还通过它以股票回购的形式向股东返还资金**。

从图 3-10 中我们可以清晰地看到，股票市场的融资功能实际上并不强，但为何日本的大企业却要采取重视股东、增加分红的经营策略？为何它们如此在意股票市场的动向？

最大的原因可能在于股份制这一制度。因为归根结底，股东拥有对股份制公司的最终控制权。简单来说，股东是公司的主人（东家）。因此，将尽可能多的经济回报以分红的形式返还给东家（股东）似乎是理所当然的。

但如果是这样，为何 2001 年之前不是如此？大企业的股东分配率不是长期保持在 4% 以下吗？为何在 2001

年以后，大企业从几乎无视股东的态度突然转变为重视股东呢？

被空气支配的行为？

日本社会常被批评为“被空气所支配”，大企业的这种转变或许就是一个例子。

2001 年，新自由主义的渗透以及时任日本首相小泉纯一郎推行的结构改革使日本企业形成了一种“必须最大限度地尊重股份制度”的“空气”。

此外，日本泡沫经济破裂的同年，日本社会形成了一种“美国式资本主义就是全球标准”的“空气”。这种空气出现的背后，或许与日本企业泡沫经济破裂后的反思密不可分：“我们可能一直采取了一种错误的经营方式。”

在这种空气形成之前，“必须尊重股东”只是一条形同虚设的制度要求。实际上，一直以来弥漫在日本企业中的“空气”是：企业应重视员工的利益。但我个人认为这并不是什么“空气”，而是日本企业权衡后做出的具有高度经济合理性的选择。我在 1987 年出版的《人本主义：变化的经营、不变的原理》一书中创造了“人本主义”一词，在我看来，日本企业成功的一个重要原因正是采取了与传统资本主义不同的经营方式。(关于人本主义的内容及其逻辑的合理性，我将在第 5 章和第 6 章详细阐释。)

我的观点至今未变，但弥漫在日本企业中的“空气”却似乎悄无声息地发生了变化。“股份制公司理所当然要尊重股东”的观点被媒体大肆报道后，这种空气便逐渐扩散开来，谁也无法抗拒。

当然，这种空气之所以能够形成并不仅仅是媒体的作用。实际上在股票市场，每天都在不断变化的“股价”就如积分排名一般，评判着企业经营的好坏。在 2001 年之前也有人会以此来评价一个企业，但在新自由主义中，其可信度似乎被大大提高了。

政府主导的公司治理改革也推动了这一趋势。在当时，日本企业中的空气就是，如果不“最大限度地”尊重股东，这不仅仅是“不妥”的问题，甚至会被视为一种“恶行”。

进入 21 世纪 10 年代，在这样的空气中美国的机构投资者投票顾问服务公司的影响力越来越大。它们会公开支持激进投资者的提案，特别是反对公司总裁参选董事。(根据三菱 UFJ 信托银行的调查，在 2021 年它们在 77 家公司发布了类似建议，为历史之最。)

而那些被投票顾问服务公司公开建议取消董事提名的总裁，多多少少心里还是会介意，这是人之常情。因此，即便事实上很少有因投票顾问服务公司的建议而导致董事任命被否决的案例发生，为了避免被激进投资者或是投票顾问服务公司指手画脚，企业还是会大幅提高股票分红或是进行股票回购。在某种意义上，这种做法也是可以理解的。

然而，一旦这样做就可能导致企业难以提高员工薪资，或是增加设备投资了。实际上，确实出现了这种情况。

我本人与不少日本企业的高管有过接触。就我的感觉而言，他们当中真正想到过这种后果，还执意要大幅提高股东待遇的人并不多。相反，起初**可能只是“一次次的无意之举”，但最终重视股东的趋势却在不知不觉中愈演愈烈**。

我认为现在应该重新正视这一现象。这也是我在本章中列出这些图所想表达的核心所在。我们应正视“日本企业经营原则的随波逐流”。

| 第 4 章 |

限制投资和重视分红所导致的恶性循环

限制设备投资带来的直接冲击：资本逻辑

本章标题中的“恶性循环”是指企业因限制投资、重视股票分红的经营策略，导致了一系列的负面连锁反应。这些连锁反应又相互交织、叠加，进一步加剧了企业的困境。如此循环往复，企业的发展潜力和盈利能力被大幅削弱。

这种恶性循环最单纯的表现形式就是：限制投资的策略让限制投资程度不断加深；重视股票分红的策略让分红的程度日益增加。

通过图 3-2 现金流分配中股票分红的分配比率和图 3-5 附加值分配中股东分配率的变化趋势，我们可以看到日本大企业一直以来都在不断地提高股票分红的比率。这种趋势是我们不愿看到的，可它却一直在持续。

在我看来，这远不止变化趋势那么简单，而是一条多重因素交织下形成的、复杂的恶性循环链条。本章我将从个人的角度，来为大家解读这一恶性循环。

同时，在这一循环链条的背后，随着各种限制投资、增加分红等资金使用方式的变化，资本逻辑和人才逻辑的作用也在随之改变。

资本逻辑是指，投入资本后，企业能够通过资本的购买力来获得提高生产力的机会（例如购买新设备），从而使未来流入企业的资金增加。

人才逻辑是指，资金的投入可以调动起企业内部人员（不论是管理层，还是一线工作人员）的工作活跃程度（例如，落实设备投资或投入运行新设备会让员工忙碌起来）。由此，可以提高员工的心理积极性，帮助他们学习新技能（企业信息化的普及），最终使员工得到成长，进而在未来进一步激发员工的创新活力。

但如果日本企业继续限制投资的话，资本逻辑和人才逻辑都会“反向”作用。未来资金流入减少，员工再难成长，心理积极性枯竭，形成恶性循环。

首先，让我们来看看以限制设备投资为起点的资本逻辑。请主要参考接下来的图 4-1 和图 4-2。

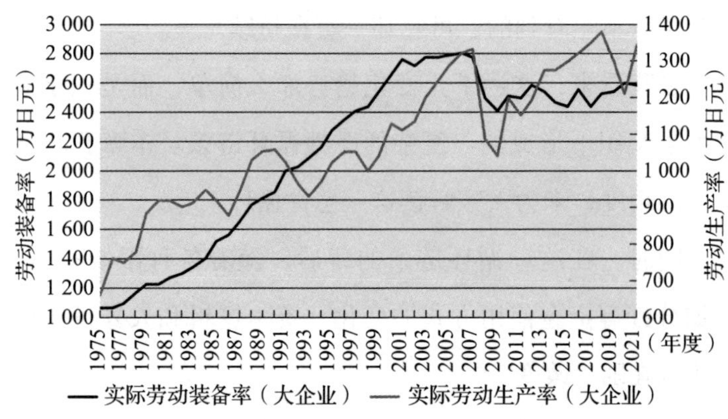

图 4-1　劳动装备率和劳动生产率：大企业

资料来源：法人企业统计调查。

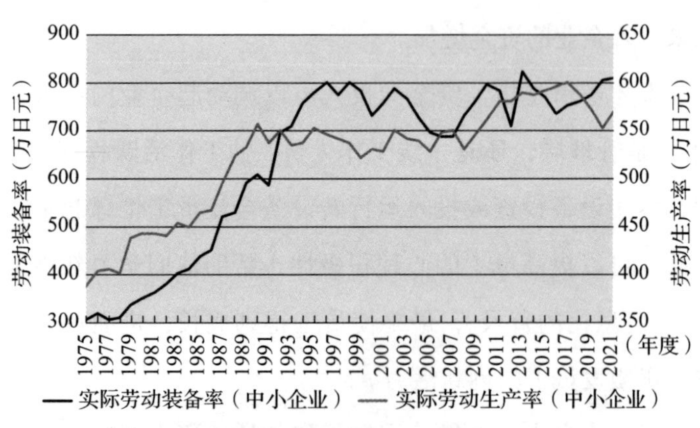

图 4-2　劳动装备率和劳动生产率：中小企业

资料来源：法人企业统计调查。

劳动装备率是指，将有形固定资产余额除以员工数量，即每名员工平均的有形固定资产。获得了装备的一线工人将会有更高的劳动生产率，因此我们也将这个比率叫作装备率。

我们也可以将其看作图 1-2 中人均设备投资的累加值。工人们在一线不仅可以使用新投资的设备，还可以使用过去投资的生产和研发设备。使用这些设备是有效开展技术创新、提升生产能力、创造新产品的关键手段。

理论上来说，劳动装备率越高，附加值生产能力越强，劳动生产率（每名员工创造的附加值）也就越高。在图 4-1 和图 4-2 中，我们也能看到劳动装备率与劳动生产率呈正相关。

日本的中小企业和大企业在泡沫经济破裂之前和次贷危机之前，劳动装备率的增长都十分明显。在同一时期，各自的劳动生产率也呈现出显著的上升趋势。之后，在劳动装备率停滞不前时，日本企业的劳动生产率也难见上升。

也就是说，劳动装备率会因限制投资而被拉低，进而会使劳动生产率增长迟缓。对比图 4-1 和图 4-2，我们可以看到有两处变化明显符合这一逻辑。

在第一处，泡沫经济破裂后，大企业（在设备投资速度放缓的情况下）仍然在长达 10 年的时间内（到 2001 年为止）持续地在提高劳动装备率；而在 1996 年，劳动装备率达到峰值后，中小企业只是维持着这一数值的相对稳定直至 2002 年。由此，大企业的劳动生产率自 1993 年以来总体呈现出上升趋势，而中小企业的劳动生产率则在原地踏步。提高劳动装备率有助于提升劳动生产率，这便是资本逻辑。

在第二处，大企业与中小企业的情况与第一处正好相反。在 2009 ～ 2021 年，大企业的劳动装备率基本保持不变，而中小企业则在 2009 ～ 2011 年大幅提高了劳动装备率，并且在此后维持着高位稳定。由此，大企业的劳动生产率到 2019 年才勉强恢复到了次贷危机之前的水平；相比之下，中小企业的劳动生产率不仅在次贷危机期间未见下滑，反而自 2009 年起持续上升。这再次体现了资本逻辑，提高劳动装备率能促进劳动生产率的提升。

顺便一提，在图 4-1 和图 4-2 中大企业的劳动生产率峰值（历史最高值）是 2018 年的 1 377 万日元，中小企业则是 2017 年的 600 万日元。在次贷危机前两者的峰值分别是 2007 年的 1 335 万日元和 1990 年的 557 万日元。仅就峰值变化来说，大企业仅提高了 42 万日元（提高 3.1%），而中小企业则是提高了 43 万日元（提高 7.7%）。这表明在次贷危机后，劳动装备率保持稳定、缓慢增长的中小企业的劳动生产率整体恢复趋势明显强于在危机后劳动装备率大幅下跌并长期处于低水平的大企业。

即便限制设备投资，利润率也能提高?

如果劳动生产率始终无法得到显著提升，不仅流入的资金难见增长，企业的投资也会力不从心。因此，日本企业的设备投资就只好保持在一个较低水平。也就是说，在次贷危机之后，大企业普遍采取了“在折旧范围内进行设备投资”的策略。这种限制投资的经营策略很难给企业带来成长，这正是资本逻辑的一种现实表现。

不过需要注意的是，即使在限制投资导致劳动生产率难见增长的这一时期，企业的利润率仍有可能提高。正如图 1-3 所示，在次贷危机后，特别是大企业的经常性净利润率有了显著的提升。

这一现象背后可能有两个原因。第一，即使是在经历了次贷危机这样的重大经济衰退之后，通过提高现有设备的工作效率，或是进行小规模的产品改良（这种改良往往无需大规模的设备投资），企业仍然有可能实现销售额和利润的增长。这种做法虽然长远来看难以为继，最终还是要依靠大规模的设备投资才能开辟未来的增长空间，但作为经济衰退后的恢复手段是行之有效的。

第二个理由与会计核算有关。劳动装备率的增长停滞或是下降，实际上在会计层面上，对企业的利润存在正面影响。

劳动装备率的下降往往意味着有形固定资产余额的减少，这也意味着企业的折旧费用可能会维持在较低水平。因此，从销售额中扣除的折旧费用减少了（或至少没有增加），从而在会计上对利润计算产生了正面影响。

当然，设备的停止运行可能使得生产能力降低、劳动生产率难以提升，从而导致销售额下降或是成本难以降低。但即便如此，从会计角度来看，折旧费用减少（或未增加）所带来的正面作用还是更大。

正如图 1-3 所示，次贷危机后，大企业的经常性净利润率持续上升，这与大企业在这一时期限制投资、保持劳动装备率相对稳定有很大关系。这表明劳动装备率的增长停滞可能作为一个不易察觉的因素，对利润的提高起到了推动作用。

限制海外投资和人才投资带来的直接冲击

关于日本企业限制海外投资的情况，我们在第 2 章围绕图 2-5 展开过论述。回顾图 2-5 不难发现，日本企业海外现地法人的设备投资额从 2010 年左右开始虽然一直在增加，但到 2013 年升至 9 万亿日元便停滞不前。当时正值日元贬值，对海外现地法人而言，本应是一个增加出口的利好时期，却未能付诸行动。

不仅如此，当时海外现地法人的设备投资增长速度明显慢于国内的设备投资，完全看不到“国内市场前景黯淡，要加大海外投资”的趋势。甚至给人这样一种感觉，相较于国内，日本企业更加“不重视”海外市场。

次贷危机导致了日本的贸易结构被严重破坏，重要原因之一可能就在于日本企业的这种限制海外投资的经营策略。图 4-3 展示了日本的进出口结构和贸易收支的变化趋势。

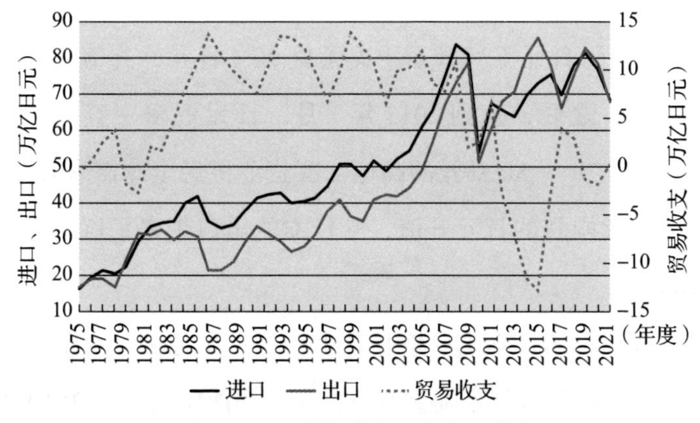

图 4-3 日本的进出口和贸易收支

资料来源：贸易统计。

得益于当时的进出口结构和产业结构，从 20 世纪 80 年代中期到次贷危机爆发的 20 年里，日本一直保持着每年约 10 万亿日元的稳定贸易顺差。然而，这种稳定在次贷危机爆发后瞬间崩塌。2008 年以后，贸易顺差最高的时候也难达 5 万亿日元，在 2014 年日本甚至出现了 12.8 万亿日元的巨额贸易逆差。

虽然 2014 年贸易逆差的主要原因是原油价格的急剧上升（2013 年每桶接近 100 美元的高价），但毋庸置疑出口增长乏力也是逆差出现的重要原因之一。在次贷危机之后，日元升值，极不利于日本的出口。

在次贷危机之前，日元汇率的峰值出现在 2008 年 8 月，达到 1 美元兑 109.2 日元。但到了 2009 年 1 月，仅 5 个月内，日元汇率升至 1 美元兑 90.4 日元，升值幅度高达 17%。之后，直到 2013 年 1 月，日元汇率一直维持在 1 美元兑 70 ～ 80 日元的高位。次贷危机后全球需求收缩，加上如此剧烈的日元升值，给日本的出口带来了巨大负面影响。

这一时期日本出口增长乏力的另一个原因，可能是日本企业在投资海外市场上有所松懈。如前所述，从 2010 年左右开始，日本企业海外现地法人的设备投资虽一直在增加，但到 2013 年升至 9 万亿日元便停滞不前。在次贷危机之后，日本企业的海外投资也未恢复到令人满意的水平。特别是在 2013 年以后，日元迎来贬值，这时日本企业本应更多地投资海外现地法人来促进出口的增长（包括对海外现地法人的设备投资），但遗憾的是它们并没有这样做。

当时，日本国内市场的未来增长乏力已成为业界共识（日本人口减少是国内需求增长放缓公认的原因）。在这个应该扩大海外投资的时期，正如图 2-5 所示，日本企业海外现地法人的设备投资增长速度却低于国内设备投资。

确实，对外直接投资在 2013 年以后明显增加，但主要原因在于这一时期日本企业收购了很多海外企业，这种投资虽然的确扩大了海外的销售额，但基本不会给日本的出口带来什么积极影响。

同时，日本企业在海外的收购常常遇到麻烦。也正因如此，一些日本企业会限制海外投资（尤其是扩大出口的投资）以避免风险。“国际业务的投资收益恶化”对除了企业并购案以外的出口强化投资产生了负面影响。

一方面，日本出口的增长乏力，与此同时油价又迎来上涨，两者共同作用下日本的进口急剧增长。限制海外投资所带来的直接负面影响正是日本的贸易结构变得极不稳定的一个重要原因。

电气产业的出口增长乏力就是这一现象的典型案例之一。虽然在次贷危机后，日本电气产业的出口额在 2010 年恢复到了 14.4 万亿日元，但此后几乎再无明显的增长，到

2017 年也仅仅只有 15.2 万亿日元。作为曾经的支柱产业，电气产业的增长乏力对日本整体而言是一个巨大的打击。

与其形成鲜明对比的是汽车产业。日本的汽车出口从 2010 年的 12.3 万亿日元增加到了 2017 年的 16 万亿日元。自 2013 年起，日本的汽车出口规模已经超过了电气产品。曾经很长一段时间日本的汽车出口额仅为电气产品的一半，但在现在的出口数据中我们可以明显看到电气产业的逐步衰退。在丰田等汽车制造商全球战略的积极推动下，日本汽车产业的出口投资有了显著提高。

另一方面，电气产业中的关键——半导体行业，在泡沫经济破裂后由于再难获得资金投入，迅速丧失了国际地位。受半导体行业衰退的影响，日本电气产业在次贷危机后持续压缩海外投资。

除了海外投资，我们还要注意日本企业限制人才投资的动向。图 2-8 中的数据表明，自次贷危机以来，直到 2021 年，日本企业的人才投资一直未见大幅回升，这段时间的数据甚至大幅落后于泡沫经济破裂到次贷危机前 17 年里低迷期的水平，如此情况堪称危机。

人才投资低迷的负面影响或许不会马上显露出来。但也正因如此，企业往往会削减此类开支以提高利润率。然而，人才投资的长期低迷会带来严重的后果，它不仅会导致企业一线竞争力下降，还可能会阻碍技术进步，削弱企业的创新能力。

重视分红所引发的恶性循环

日本企业限制三类投资（设备、海外扩张、人才）的同时，还在**不断加强对股票分红的重视。它们共同作用引发了一系列的负面连锁反应，最终形成了恶性循环**。

这里说的恶性循环有两个。

第一，**股票分红的增加“强行”推动了股票分红的进一步增长**。一旦选择提高股票分红，那么之后企业可能就会出于对股市评价变差的担忧而不敢减少今后的分红。因此，企业会一直处于需要不断提高股票分红（至少不敢减少）的压力之下。其结果就是，企业只好进一步压缩投资资金以提高分红。长此以往，限制投资的恶性循环不断加深。

第二，**恶性循环源于企业对股票分红的过度重视，进而对一线员工的积极性产生了负面影响**。重视股票分红的经营策略可能会削减企业用于人力成本的资金，这就使得员工工资增长乏力，从而对提升员工的积极性产生负面影响。

实际上，在日本的大企业，劳动分配率下降和股东分配率上升的现象的确同时发生了（尤其是在次贷危机之后）。这种现象对企业的一线竞争力产生了负面影响，进而影响了企业的现金流，导致用于投资的资金增长乏力，企业陷入限制投资的恶性循环。

此外，**当限制投资与重视股票分红同时发生时，还可能导致企业的自有资本不断增加**。这实际上有可能产生一种连锁反应，迫使我们不得不进一步增加分红。这是谁也不希望看到的连锁反应。

当企业决定要限制投资时，那些“节省”下来的部分资金就会用来充实内部留存。这样一来，企业的自有资本就增加了。实际上在2001年以后，日本的许多大企业皆是如此。

在利润不变的情况下，随着自有资本的增加，ROE（净资产收益率，等于当期净利润 / 自有资本 ×100%）会下降。甚至即使企业的利润增加了，ROE也有可能不会提高，因为计算ROE的分母——自有资本也在增加。

在日本公司治理改革时，企业被要求“目标ROE是8%”。当时，许多企业都因为“自有资本的扩大”而难以达到这一目标。ROE增长乏力的企业慢慢开始感受到来自股东的压力，因此，它们不得不增加股票分红或是改善分红比例（将更多利润返还给股东）。

增加股票分红的压力来源于自有资本的增加。实际上，这种压力给日本的大企业带来了深远影响。通过图 4-4 中 ROE 数据的变化趋势我们可以窥见一二。

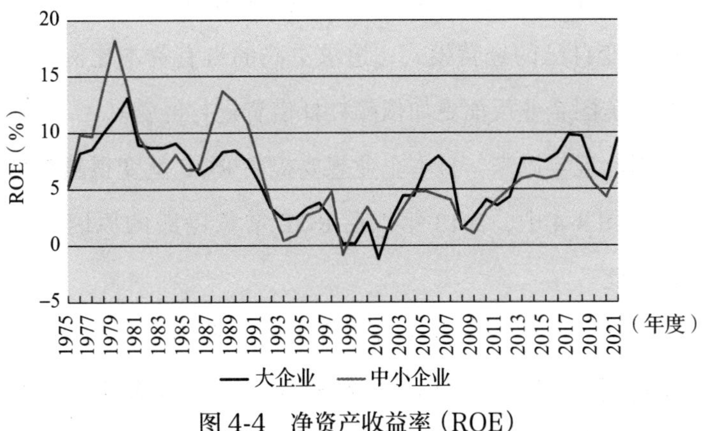

图 4-4 净资产收益率（ROE）

资料来源：法人企业统计调查。

从图 4-4 中可以看出，实际上在稳定增长期，日本企业的 ROE 非常高，这一时期的平均水平明显高于次贷危机时期。同时，中小企业的 ROE 明显高于大企业。从第 1 章的图 1-3 我们可以看到，大企业的经常性净利润率始终高于中小企业，但这里的情况正好相反。

在稳定增长期，日本企业的 ROE（不论是大企业还是中小企业）比次贷危机后要高；在 2001 年之前，中小企业的 ROE 也几乎一直高于大企业。这两种现象背后的基本逻辑是相同的。企业自有资本比例低，依赖借款经营（利用杠杆借贷进行经营，即“杠杆经营”）。

但到了 2021 年，如第 1 章的图 1-5 所示，日本企业的净资产比率已经达到 40% 左右。自 2001 年起，日本企业开始转变自己的经营模式，追求更高的自有资本比例，而此时，美国企业反而更加依赖杠杆借贷进行经营。

因此近年以来，日本企业想要提高 ROE 就变得越来越难了。图 4-4 中，2013 年以后 ROE 增长停滞的原因之一正在于此。

于是，那些自有资本过于庞大的企业为了提高 ROE，开始降低自有资本比例，回购自家股票。或者说，它们在激进投资者的压力下被迫进行股票回购以追求更高的 ROE。

ROE 增长乏力的企业为了满足股东苛刻的资金回报要求，不得不增加股票分红或回购股票。而不论以上哪种行为，都可能导致企业可用于投资的资金减少。迫于增加股票分红和回购股票的压力，企业不得不尽力限制投资的规模。

最终，在重视股票分红与自有资本增加的共同作用下，形成了限制投资的恶性循环。

人才逻辑下限制投资的负面影响

以上主要讨论了资本逻辑下限制投资的负面影响，即由投资资金的减少所引发的恶性循环。接下来，我们透过“人才逻辑”来看看限制投资所带来的巨大负面影响。实际上，“人才逻辑”所引发的恶性循环甚至更为糟糕。

企业在设备、海外扩张、人才层面上进行大规模投资时，其所带来的不仅仅是设备的升级或海外市场渠道的拓展等硬件层面上的发展，它还会在以下三个方面给公司的员工带来无形的积极影响：

- 培养能力。
- 激发心理积极性。
- 增强意识与拓展视野。

这种冲击产生的原因在于，在投资决策的制定和执行过程中，相关人员会在这一过程中以各种方式思考、学习，并产生各种心理反应。

第一，投资有利于培养员工的能力。

比如说，在计划进行设备投资时，企业的技术人员为了确定投资内容，就需要深入学习相关技术细节。此外，负责操作设备的一线员工也必须学习掌握新的操作技能。

这个过程就是他们拓展技术知识、掌握新技能的契机。最后，当设备投资落地，新的设备开始运行后，机器的故障问题也难以避免，但处理这些问题，也是在锻炼员工应变的能力。

除此以外，海外投资同样有利于培养员工的能力。员工可以在竞争激烈的海外市场上得到锻炼，获得更加丰富的市场经验。同时，那些被派遣到海外工厂工作的日本员工，即便在语言有障碍的情况下，也可以在实践中提升自己一线管理的能力。因此，在某种意义上，海外市场就是一个在一线开展实地训练的宝库。

第二，投资方案的制定和落实可以激发员工的心理积极性，帮助他们进行各种挑战，包括挑战新技术、挑战大规模设备更新、挑战竞争激烈的海外市场、挑战学习新技能……这些挑战不仅能激发出热情，带来心理上的亢奋，还会成为推动团队前进的动力。

第三，在投资方案的制定和落实过程中，员工需要进行各种思考与尝试，他们的思维会变得更加敏锐，视野也会更加开阔。举例来说，当我们打开一张世界地图进行业务规划时，我们的视野就是世界级的。因此，扩大投资会将我们的意识和视野提升到一个更高、更广的维度上。

以上三种无形的积极影响正是来源于企业的投资。而如果企业限制投资，不仅难以提升员工的能力，也难以提升员工积极性，员工的意识无法得到增强，视野也无法得到拓展。

其结果便是由于限制投资，人才无法得到有效的培养，员工的积极性下降，进而陷入“因为缺乏人才，无法进行下一轮投资”的恶性循环。

事实上，**我认为，在泡沫经济破裂后的30年里所发生的各种形式的限制投资，极大地削弱了日本企业员工的个人能力和成长积极性，他们的创新能力正在逐渐下降。**虽然这种基于“人才逻辑”的限制投资所带来的负面影响难以通过数据来衡量，但在我看来，它正是限制投资所引发的恶性循环的核心问题所在。

这种恶性循环所带来的最为严峻的问题体现在经营管理层，尤其是在企业经营者的培养上。我们必须严肃对待这个问题。

限制投资往往意味着企业经营者做出重大投资决定的机会减少。但正是在面对艰难抉择的时候，以及在做出决定后应对各种各样意外问题的过程中，经营者的能力才能够得到锻炼。能够做出决策和处理好棘手问题，是一名合格的企业经营者必不可少的能力。

如果经营者失去了做出重大投资决策的机会，而只是在股票分红问题上被动迎合市场，那么就会导致他们丧失思维活力，失去通过决策提升能力的机会。

我认为，许多日本企业可能在不知不觉中陷入了这种“人才逻辑”的恶性循环。因此，我们一定要深刻认识到三大投资的重要性，认识到企业可以通过这些投资来反转“人才逻辑”，使其进入正向循环。

正是因为许多人只知道限制投资（日本企业限制投资已经持续了30年），而且日本已经经历了“失去的三十年”，这一课题才显得尤为重要。

限制投资的受害者——日本半导体产业

实际上在泡沫经济破裂后，日本企业过于严格地限制投资致使日本一些产业陷入困境。半导体产业就是一个具有代表性的例子。在20世纪80年代，它被认为是日本最具国际竞争力的产业之一。

1990年，日本的半导体产业占据了全球市场49%的份额。在全球半导体市场排名前五的公司中，日本企业占据了三席，分别是排名第一的日本电气、排名第二的东芝以及排名第四的日立。特别是在存储器领域，日本企业在全球范围内处于无可争议的领先地位。

但是，随着韩国的三星电子逐步扩大自己的设备投资，日本的领先地位有所动摇。在个人电脑等电子产品中，DRAM（动态随机存取存储器）作为必不可少的配件被大量使用。三星在进入半导体行业 8 年后的 1992 年，就在这一领域做到了全球市场份额第一。在此之前，东芝一直是 DRAM 市场的领头羊。到了 1998 年，韩国在国家层面上的市场份额也超越了日本，成为全球第一。

这一变化背后的原因在于 1990 年前后的几年里三星积极的设备投资战略。这与日本企业消极的投资策略形成了鲜明对比。日本企业对设备投资持消极态度的原因有两个。

其一，1986 年日美两国签订了《日美半导体协议》。该协议实际上使得泡沫经济时期的存储器市场变成了一个由政府主导的卡特尔（垄断利益集团）。这是美国为压制当时正处于鼎盛时期的日本半导体产业而提出的政策性要求。政府主导的卡特尔使得日本企业不得不调整生产线，但其实在这种模式下日本半导体企业获得了巨大的“垄断式”利润。对日本企业来说，这种调整实际上是一种“甜头”。正因如此，任何一家日本企业都不愿意破坏行业间已经形成的合作模式，而去进行大规模的设备投资。

其二，泡沫经济破裂后的金融环境紧缩。日本的许多半导体企业都是在电子领域拥有多元化业务的综合电子制造商。对于这些企业来说，除了半导体之外的业务在泡沫经济破裂后都面临着极为严峻的经营环境，因此它们能够用于半导体投资的资金十分紧张。再加上泡沫经济破裂后有银行“惜贷”的情况出现，这就使得筹集资金变得更加困难。这些资金问题也让日本企业在半导体投资上踌躇不前。

在半导体行业中，持续的设备投资是生存的关键。尤其是在经济不景气时，提前进行较大规模的投资，布局未来的繁荣期是非常重要的。因为在繁荣期到来时，能够满足激增的需求的企业就能获得更多的市场份额。在繁荣期到来后，那些没有提前布局投资的企业当然也会迎来新的市场需求，但由于其投资不足就会导致生产能力遭遇瓶颈，无法满足全部的需求。而这些未被满足的需求当然就会转向提前进行过投资、生产能力有保证的企业。

正是在这种机制的作用下，三星通过持续性的积极投资，于 1992 年成为全球 DRAM 市场的领导者，并借此势头进一步壮大。从 1992 年开始，三星还积极投入当时由日本企业主导的 16MB DRAM 市场，开展大规模生产，最终在 20 世纪 90 年代后期，将日本企业甩在了身后。

《日美半导体协议》使日本企业沉溺在“泡沫的惯性”之中，同时，在泡沫经济破裂后，日本企业的设备投资资金也陷入困境。在双重作用下，韩国在半导体行业反超了日本。韩国的后来居上是很多人从未预料到的。

实际上，三星的战略可以说是模仿了日本半导体企业在 20 世纪 80 年代初的做法。当时，日本企业通过“在经济不景气时进行积极的设备投资”击败了美国的半导体企业。在 20 世纪 90 年代初，日本企业因为经济低迷而严格限制了投资力度，其结果就是，在随后的经济繁荣期日本半导体产业一落千丈。

此时的衰退也为 2008 年次贷危机后日本电子行业全线崩溃埋下了伏笔。半导体是电子产业的基础。日本半导体产业的衰落，用事实印证了限制投资的巨大风险。

次贷危机后，日本企业开始陷入恶性循环

限制投资的经营策略是日本半导体产业在 20 世纪 90 年代被韩国超越的重要原因之一。当时，日本企业尚未表现出重视股票分红的倾向。半导体产业衰退的主要原因仅仅在于金融紧缩引发的限制投资策略。

从 2001 年开始，日本企业，尤其是大企业，逐渐开始在限制投资的同时，越发重视股票分红。但真正开始陷入限制投资与重视股票分红的恶性循环，还是在次贷危机之后。

请再次参阅图 3-2。在泡沫经济破裂后，日本大企业的

设备投资在现金流分配中的占比在持续缓慢下降，只有在一个时间节点出现了明显的下滑，即次贷危机爆发期间的2009年[㊀]。那时，虽然整体上企业的利润也在大幅下降（即现金流减少），但大企业设备投资的下滑幅度远超现金流。

在图1-7中可以清晰地看到这一时期设备投资的骤降。2009年[㊀]大企业人均设备投资额单年度内的跌幅超过了泡沫经济破裂时的最大跌幅，是“历史之最”。

虽然在次贷危机结束后的2010年[㊁]，大企业的设备投资分配比率出现了V字反弹，但始终未能恢复到次贷危机前（2003～2007年）的增长趋势。再往后，尽管经济有所复苏，但设备投资分配比率却仍在持续下降（请参阅图3-2）。

次贷危机前几年，日本大企业本已逐步缓和对设备投资的限制力度，但次贷危机的冲击又将其重新拉回到了严格限制投资的状态。

一方面，如图3-5所示，在2009年之后，大企业的股东分配率迅速上升，从2009年的8.7%上升至2020年的22.2%，呈现出不断攀升的态势。大企业重视股票分红的倾向在逐步加剧。

另一方面，次贷危机后，大企业的劳动分配率虽然先

㊀ 应为2008年，原书疑似有误。——译者注
㊁ 应为2009年，原书疑似有误。——译者注

是迎来了一段时间的上升，但随后却从 2009 年的 63.8% 急剧下降至 2018 年的 50.4%。在越发重视股东的同时，日本大企业轻视员工的倾向日益明显。

值得注意的是，在次贷危机爆发后日本企业即将陷入恶性循环之时，它们的劳动分配率仍呈现出了急剧上升的态势，这与过去经济衰退时的表现一致。这表明，在次贷危机期间，日本企业仍然重视员工，保障就业稳定。

但在次贷危机后的十多年里，重视股东的趋势越发明显，到了 2020 年的新冠疫情经济衰退时期，日本企业对员工的重视程度已经不如之前的衰退时期。回顾图 3-5，2020 年劳动分配率的上升幅度仅为次贷危机时的一半。

更为严重的是，在新冠疫情时期，日本大企业的股东分配率不仅没有下降，反而比前一年有所上升。也就是说在 2020 年，日本的大企业在一定程度上放弃了一直以来对员工的重视，而进一步强化了股东至上主义。同时，它们也继续限制设备投资。

从次贷危机爆发到新冠疫情暴发的 12 年里，限制投资与重视股票分红的恶性循环似乎已经在日本大企业中根深蒂固。增加股票分红后就再难削减，并且股票分红的增加又使投资资金更加紧张，这最终导致了附加值增长放缓，这正是恶性循环的典型表现。

自2009年起，劳动分配率的持续下降与股东分配率的急剧上升暗示着日本大企业的底层经营方式已经发生了重大变化。我将其称为“**经营原则的随波逐流**”。关于这种随波逐流的具体表现，我将在下一章中详细探讨。

次贷危机期间，日本大企业的劳动分配率急剧上升（即重视员工的态度）、股东分配率下降。但在那之后，日本企业似乎是受到了某种警告：重视员工、轻视股东的经营方式不再被允许。

这或许是因为次贷危机是全球性金融资本主义泡沫。

正如我在第1章指出的那样，日本大企业感受到了金融资本主义的可怕，同时也回忆起了从前“金融泡沫带来的创伤”。因此，它们只好选择重视股市，重视作为资本提供者的股东。这种警告仿佛是股市在抗议日本企业在次贷危机时“重视员工、轻视分红”的经营选择。

日本企业对警告的反应异常强烈：对投资进行极度限制、对股东分配进行极端倾斜……完全一幅“惊慌失措、手忙脚乱”的场面。

日本是最大的受害者，次贷危机让日本坠入地狱

实际上，日本企业这样做也是情有可原。

在次贷危机中，日本企业遭遇到了始料未及的巨大冲击，如同瞬间坠入了十八层地狱。当时，日本的产业形势简直可以说是“一落千丈”。

如图 4-5 所示，我们可以清楚地看到当时的糟糕情况。这张图展示了平成时代 30 年里日本的工业生产指数（月度数据，设 2010 年 5 月的数据为 100）。图 4-5 显示，从 2008 年的中期到 2009 年 2 月，日本的工业生产指数仿佛突然坠入深渊一般急剧下降，情况极为不妙。即便是在 1991 年泡沫经济破裂、1998 年金融危机或者更早的石油危机时，日本的工业生产指数也未曾在如此短时间内有过如此巨大的跌幅。

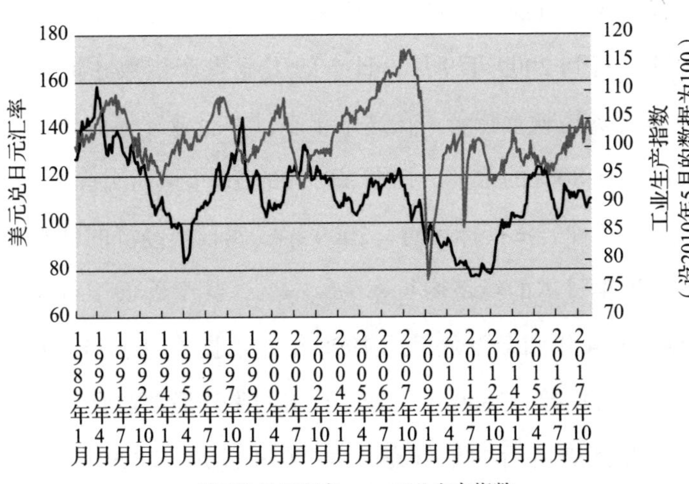

图 4-5 美元兑日元汇率与工业生产指数（月度）

资料来源：经济产业省工业指数统计、日银统计。

从具体数字上看，在 2008 年 9 月时，日本的工业生产指数为 110.0，而到了 2009 年 2 月迅速落入谷底跌至 76.6，在短短 5 个月内下跌了 30%。下跌的主要原因在于全球金融危机导致了需求萎缩，日本的出口急剧减少。

在 2009 年，日本的出口额降至 54.2 万亿日元，相当于回到了 6 年前的水平，与上一年相比，出口减少了 1/3。尤其是对美国和欧盟的出口分别减少了约 40%。但好在对中国的出口只减少了 23%，这才勉强使得整体的出口额维持在原来的 2/3 左右。

实际上，在那段时间，我常常听闻一些工厂的开工率只有三成到五成。对日本企业来说，那是一个非常困难的时期。直到 2009 年 9 月，日本的工业生产指数才恢复到 90 以上。这就意味着，在这半年多日本企业整体的开工率仅仅只有 80% 的水平，在平成时代的 30 年里尚属首次。

从各种经济指标来看，2009 年实属日本经济的低谷之年。当年日本的经济增长率为 -5.4%，甚至远低于石油危机后 1974 年和金融危机后 1998 年的数据（-1.1%），创下历史最大跌幅。2009 年 3 月，日本的平均股票收盘价落入泡沫经济破裂后的最低点，为 7 054 日元。2009 年 7 月，日本的整体失业率也达到了月度统计的历史最差水平，攀升至 5.5%。

当然，次贷危机的负面影响也体现在企业的财务报告里。比如丰田公司 2009 年 3 月的报告显示，公司当年的合并营业亏损达 4 100 亿日元，销售额较上期减少了 22%。这是丰田公司自成立 70 年以来首次出现营业亏损。

雷曼兄弟的破产本来是美国的金融机构破产。然而，它却对日本的实体经济产生了如此巨大的影响。这就是全球金融危机的可怕之处。从实体经济的受打击程度来看，日本成为全球最大的受害者。

从数据来看，与美国和韩国相比，2009 年日本的经济增长率为 –5.4%，而美国仅为 –2.8%，韩国甚至实现了 0.7% 的正增长。再看 2007 ～ 2009 年工业生产指数的下降幅度，日本下降了 26.4%，而美国仅下降了 14.5%，韩国则增长了 2.6%。

在次贷危机刚爆发时，人们曾认为日本的金融机构与这场金融泡沫关系不大，这场危机对日本的影响会很小。但最后，日本却成了受冲击最为严重的国家。这让业界的所有人都感到震惊。全球性的需求萎缩给日本带来了巨大的影响。

日本受打击最大还因为日元升值。在 2008 年 8 月日元汇率最低的时期，1 美元可以兑 109.2 日元。之后，日元就开始逐渐升值，到了 1 美元兑 90 日元左右的水平。即使在

2011 年经历了东日本大地震后，日元汇率依然维持在 1 美元兑 80 ～ 90 日元，直到 2013 年 1 月。

大企业在次贷危机中受到金融资本主义冲击的同时还经历了 2009 年以来长达 4 年之久的汇率恐慌。同期的股价也处于历史性低位，长期低迷。企业开始限制投资、规避风险，虽不可取但情有可原。

在这样的情况下，从 2014 年起，政府开始主导推动了公司治理改革，制定并颁布了《日本公司治理准则》。此外，正如我在第 2 章指出的那样，次贷危机后日本企业的人才投资也在大幅减少。这些要素相互叠加，最终形成了恶性循环。

恶性循环形成后，企业将会做出什么样的经营选择？新冠疫情期间日本企业用事实给出了答案。在 2020 年经济迎来不景气时，日本企业的股东分配率竟然还在上升。日本企业“在经济衰退时仍提高股东分配率”的做法实属历史罕见。企业通过大幅削减内部留存、极力压低劳动分配率，来保证庞大的股票分红资金。

为了维护股东权益，日本大企业实际上开始“牺牲”劳动分配。这显然不是一种可取的、长期可持续的经营选择。

值得一提的是，**在日本的中小企业里并未见到这种**

“重股东轻员工”的态度。如图 3-6 所示，中小企业在新冠疫情的经济衰退期，劳动分配率大幅上升，涨幅甚至远超从前。中小企业保障了就业。此外，自 2001 年以来，中小企业的股东分配率几乎没有显著上升。

也就是说，过度重视股东利益的情况只在大企业中出现（参考图 3-5）。当然，中小企业不依赖股票市场筹集资金，它们不过多关注股票市场情有可原。但其实在图 3-10 中我们能明确看到，日本的大企业也几乎不从股票市场筹集资金，但它们却十分关注股票市场的声音。

可以说自次贷危机以来，美国式的股票市场原则和公司治理改革对日本的影响越来越深。

缺乏自信的企业经营者只好向员工“撒娇”

不少日本的大企业因股东优先而陷入了限制投资、重视股票分红的恶性循环之中。业内人士如何看待这一“循环”呢？

在本节，我想与大家分享两位业内人士的看法，他们都是我的朋友。2023 年，我跟他们讨论了日本企业在投资、股票分红、劳动分配等方面的动向。当我问及：“为什么日本企业会变成这样？”他们都给出了自己的看法。

第一位曾在某大企业从事投资者关系的工作，负责协助管理层对接大型机构投资者和分析师。得益于此，他对日本企业的经营者有过近距离的观察。

他指出，日本企业经营者做出这样的决策背后有两个原因：一个是“想要塑造良好形象的虚荣心”；另一个是“对自己的经营原则缺乏自信”。

他说：“分析师和股东（尤其是海外股东）常常会毫不客气地向企业提出对自身有利的要求。按理说，经营者应该优先考虑公司利益，并从这个角度出发反驳他们的要求。但很多时候，经营者却是直接不加反驳地接受。背后的原因在于经营者似乎认为如果不按照全球通行的标准行事，就会显得很没面子，得不到认同。”

经营者会这样是因为他们“有一颗想要塑造良好形象的虚荣心”。接下来，他进一步解释经营者的不自信。

“日本企业至今克服了许多危机，从二战后的混乱开始，到石油危机、日元升值，再到最近的次贷危机和东日本大地震，等等。按理说，日本企业的经营方式本应值得向外界夸耀，但现实却并非如此。日本企业的经营者对自己经营的成功缺乏深入理解，同时存在着一种对欧美的盲目憧憬和自卑感，这就致使他们对日本独特的经营原则‘缺乏自信’。”

这位曾在一线近距离接触过日本企业管理层的朋友道出了自己的真实感受。我的观察与他的看法基本一致。重新回过头来寻找日本企业自身经营原则的过人之处十分重要。

第二位朋友曾是某上市企业的人事部部长（不是第3章中提到的那位主管人事的专务董事）。他表示，在媒体的大肆宣传下，“股份制公司理应尊重股东”这种氛围逐渐变成了社会公理。

他说：“从分配的角度来看，股东第一、员工第二的分配模式在潜移默化中成为主流。当然我们还是会说‘人才是最大的财富’，但实际上，日本企业已经慢慢淡忘了人才才是最为稀缺的资源。他们或许侥幸地认为，员工被稍微怠慢也不会有怨言。”

他还补充道：“在股东优先、员工其次的意义上，他们向员工‘撒娇’；在人事制度优先、核心员工其次的意义上，他们又向核心员工‘撒娇’。我想我们公司可能存在这样双重的撒娇结构。反观一些新兴企业（包括日本、中国等地的企业）以及像是 GAFAM 那样的美国企业，它们似乎更加深刻地认识到人才的稀缺性，进行了大规模且集中的人才投资。”

我认为他所讲的是一种坦率的真情流露，我对此也深感认同。此外，我认为这不仅仅是他一个人的感受，也是许多经营者的共识。

也就是说，维持以往人事制度的框架变成了目的本身，而忽视了本应通过该人事制度保护的核心员工的利益分配以及对他们成长所需的投资。他反思道："这是对核心员工的怠慢。"

两位业内人士的话似乎在暗示：经营者的"创新能力"可能是限制投资与重视股票分红恶性循环背后最重要的原因之一。恶性循环的根源或许就在于此。

而这种略显畸形的思维之所以在某种程度上被放任自流，实际上也是因为恶性循环中的"人才逻辑"在作祟吧。

在"人才逻辑下限制投资的负面影响"一节中，我曾写道："在泡沫经济破裂后的30年里所发生的各种形式的限制投资，极大地削弱了日本企业员工的个人能力和成长积极性，他们的创新能力正在逐渐下降。"两位业内人士也同样注意到了这一问题——经营者的创新能力。

正如我在该节后半部分提到的："如果经营者失去了做出重大投资决策的机会，而只是在股票分红问题上被动迎合市场，那么就会导致他们丧失思维活力，失去通过决策提升能力的机会。"

可以说，限制投资与经营者能力的下降在过去30年里循环发生，这种情况在次贷危机之后进一步加剧。虽然情况越来越糟，但它并未获得足够的关注。原因之一可能是次贷危机后日本企业利润率的回升。

大家会这样认为：因为利润率在上升，所以经营者肯定是有能力的。然而，如果这种利润率上升是通过压低人工成本、限制投资所实现的，那么我们就不应该将其视为企业实力的提升。

第5章

放弃员工主权开始随波逐流的日本企业

何谓放弃员工主权开始随波逐流

在上一章的后半部分，通过两位业内人士介绍他们的亲身体会，我们深刻认识到自次贷危机以来，日本大企业正逐渐转变为“股东第一、员工第二”的附加值分配模式。

但这种转变不仅仅是关于附加值分配的问题，更是企业这一经济组织内部权力结构的巨大变化（决定一国未来的权力叫作“主权”，在此我借用这一概念来描述企业的权力结构）。日本大企业逐渐向着股东主权的方向转变。

我认为日本企业在二战后能够取得成功的很大一部分原因在于员工实际上拥有相当程度的企业主权，日本企业以员工利益为目标的经营方式帮助它们实现了一系列成就，关于这一点我将在本章中详细论述。当然，作为股份制企业，无视股东主权一定是不可取的，这样做也缺乏经济合理性。但根据我一直以来的观察研究，在实际经营中，许多日本企业一贯采取的是**“员工主权第一、股东主权第二”**的经营方式。

企业不仅仅是资金的集合，同时也是人的集合。这一点我会在后文论述，企业的本质正是存在于这种双重性之中。如何在这种双重性中平衡股东与员工的利益，是经营者必须思考的重要问题。

如果企业的经营完全倒向股东主权，那一线员工是否真的能拿出足够的工作积极性？如果企业仅仅是股东财富最大化的工具，那么员工又怎么会真心支持企业的长期发展呢？

但如果企业的经营过于偏向员工主权，那也可能会因过高的人工成本而损害股东利益，甚至违背股份制公司制度的根本。

二战后日本大企业“员工主权第一、股东主权第二”的经营模式正是在这两者中找到了平衡。但是，这种平衡似乎正在发生变化，员工主权的比重正在下降。我用“放弃员工主权开始随波逐流”来形容日本企业中的这一现象。

通过附加值分配的变化情况，我们可以看到随波逐流的全貌。图 5-1 是日本大企业劳动分配率和股东分配率的变化折线图（该图基于图 3-5 制作而成，删去了企业分配率，展示了劳动分配率与股东分配率的变化趋势）。

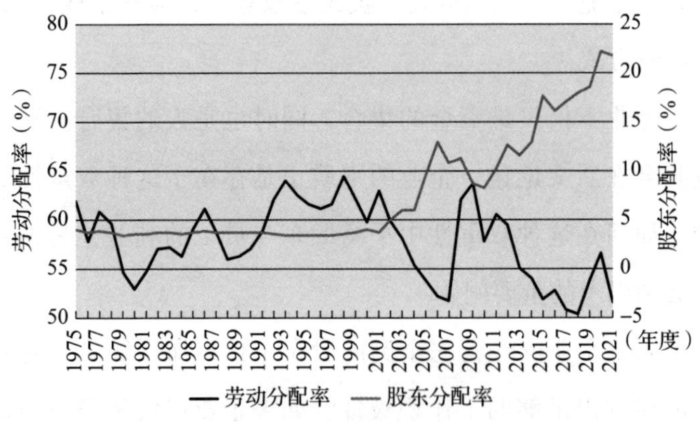

图 5-1　劳动分配率和股东分配率：大企业

资料来源：法人企业统计调查。

图 5-1 中最值得注意的一点是 2001 年之前大企业股东分配率在低位稳定。股东分配率维持在不到 4% 的水平线上，保持了 25 年以上。日本大企业的附加值总额每年都会有所波动（总体上波动上升），股东分配率的低位稳定也就意味着股票分红额与附加值几乎在以“相同的步伐”增减。

与此同时，2001 年之前的劳动分配率则保持在平均约 58% 的水平，最多有 10% 左右的浮动。而浮动的背后存在内在规律：在附加值下降的年份（即经济衰退期），劳动分配率上升；而在附加值上升的年份（即经济繁荣期），劳动分配率下降。

这意味着，日本大企业的员工工资支出相当稳定。劳动分配率由人力成本支出除以附加值算出，由于分子人力成本支出稳定，因此，分母附加值与劳动分配率呈负相关，即劳动分配率与经济状况反向变化。

换句话说，在 2001 年之前，大企业的股东承担了经济波动的风险，并且甘于接受相对较低的分配水平。而员工待遇则受经济波动影响较小，并享受到了相对较高的分配水平。

这是日本大企业“员工主权第一、股东主权第二”经营的必然结果，是其员工主权优先经营模式的表现。

然而，自 2001 年以来情况开始发生了改变，股东分配率仿佛从长眠中苏醒，开始攀升。但到了 2008 年之前的那段时间，股东分配率上升的趋势有所停滞，逐步转为下降。可就是在这样一个时间节点上，次贷危机爆发了。

次贷危机期间，股东分配率的下降十分缓慢，但与此同时，劳动分配率却大幅上升。和以往一样，在经历严重的经济衰退时日本大企业会以“员工优先”，尽力保持稳定的员工工资支出，但由于附加值减少（因经济衰退导致），劳动分配率相应地急剧上升。

但这一次，在次贷危机后的复苏期里，劳动分配率出现了断崖式下降，而股东分配率却几乎飞跃式地上升。日本大企业削减了分配给员工的部分利益，将其用于股票分红支出。这种趋势持续了十年以上，一直持续至2018年。在2018年，日本大企业的劳动分配率跌至历史最低点50.4%。此时，“股东第一、员工第二”的分配模式已基本成型。

更有甚者，在2020年新冠疫情引发的经济衰退期间，日本大企业的股东分配率与以往的衰退期不同，不降反升；劳动分配率虽与往常一样有所上升，但其上升幅度不到过去衰退期的一半。也就是说，“股东第一、员工第二（轻视员工）”似乎已经根深蒂固了。

在次贷危机之后，日本大企业“放弃员工主权开始随波逐流”。“随波逐流”虽然也意味着有可能迎来回归，但从目前来看，日本大企业已是大幅偏离原来的轨道。

我之所以使用“随波逐流”一词，有两个理由。

第一，日本企业的经营模式已与之前大相径庭。第二，这种经营模式的变化似乎并非企业主动为之，而是像被什么力量推着走的。

换句话说，这种变化并非企业深思熟虑后做出的主动选择，而是受到某种看不见的“空气”的压迫，在无意识的情况下发生的。在第4章，我曾提到过一位大企业的人事部部长，他曾这样反思道："股东第一、员工第二的分配模式在潜移默化中成为主流。"这正是对"随波逐流"的一种自白。

更令人遗憾的是，尽管员工主权经营有着高度的经济合理性和必然性（这一点将在后文详述），但日本大企业并未经过任何原则性的考量，就在看不见的"空气"的作用下做出了改变。"随波逐流"一词恰如其分地表达了大企业在无意识中随波逐流的迷茫。

隐藏在股份制公司中的根本矛盾

要深入思考日本企业开始"随波逐流"的底层逻辑，我们应先厘清一些基本问题。

企业是一个经济组织，其本质之一就在于它既是资金的集合，也是人的集合，企业具有双重性。资金必不可少，人也不可或缺。

作为资金的集合，企业经营的关键在于股东提供权益资本，权益资本永远也不会"背叛"企业。即使企业陷入困境，股东也无权要求"还钱"。权益资本是在不要求返还的承诺下提供的。正因如此，权益资本被称为"不会逃走的资金"。

因此，即使企业破产了，那它也不用将出资额还给股东。只有在清算（也就是公司解散）时，企业才需要将偿还债务后的剩余资金（剩余财产）按照出资比例还给股东。

与此同时，企业还通过银行贷款获得资金，这类资金有明确期限（即到期后，资金有“逃走”的可能性）。此外，企业还会发行公司债券来获得资金。总而言之，企业是资金的集合，由各式各样的资金组成。

同时，只有股东提供“不逃走的资金”后，股份制公司这个法人才能成立。股东是公司的创始成员。在日本的公司法中，有“社员”一词，它指的正是股东，即公司这一“社团”的“构成成员”。在公司法中，社员并不指在公司里工作的员工。

但是，企业并非仅依靠资金就可以运作，资金也并非企业活动的起点。企业活动的起点始终是人。**企业活动最初的构想是由创业者这个“人”发起的。再加上许多愿意在这家企业工作的人，企业活动才得以真正实现**。

此外，企业在创业后的经营活动中需要各种类型的人才，需要在一线工作的蓝领工人，需要负责销售的员工等。同时，管理人员也是企业所需要的。企业正是这样一个多样化的“人的集合”。

一家企业如果没有一群愿意长期效力于企业的人位于

组织架构的核心，那么它在组织层面就难以存续。这群人的智慧和能量才是企业竞争力的核心，而非资金。

资金和人的双重性即这两个集合之间的协同关系为企业的成长和发展提供源源不断的动力。**人的集合提供了智慧与能量，它是竞争力的源泉，资金的集合则提供了企业开展业务所必需的钱**。

然而，**资本逻辑与人才逻辑在企业中也在相互较量**，它们并不总是能够和谐地并存。这种较量也使得两者在双重性中存在矛盾的因素。

最直观的较量体现在资本的回报（股票分红）与劳动者的报酬（人工成本）之间。两者都来自企业创造的附加值，因此一方增加，另一方就不得不减少，可谓是零和关系。也就是说，围绕着附加值的分配两者间爆发了“争夺”，即如图 5-1 所展示的那样。

不仅仅是对金钱利益的争夺，资金集合与人的集合之间还存在着另一种紧张的对立。那就是“公司治理”权（我称之为企业的主权）之争。

资金集合的普遍法人形式——股份制公司，赋予了股东最终决定企业命运的权力。股东大会的决议可以决定企业的未来。股东大会选举董事会成员，而董事会则拥有着任免经营者的权力和处理资产的权力（如决定分红、收购或出售业务等）。

尽管直接关系到企业竞争力高低的员工才是一家企业中最重要的角色，但日本的公司法却规定，一般员工没有参与企业决策的权力。

事实上，公司法本身只是规定了资金集合中股东与债权人之间权利与义务的关系。它保证了提供“不逃跑资金”的股东相对于提供“逃跑资金”的债权人来说处于优先地位，明确了资金集合中的权利关系。

因此，公司法并不是在衡量了人与资金的重要性后，赋予了股东独一无二的治理权。因为它并不是从资金与人双重性的角度出发，来规定“公司属于股东，员工无权治理公司”的。

因此，员工（尤其是核心员工）的意愿是无法反映到公司治理中的。但公司治理的权力不仅仅关系到企业的命运，同时也会影响企业资金的去向，更关系到在企业中工作的个人的命运。仅仅让股东成为公司治理权的所有者（拥有治理权力，享有治理利益）是否合理呢？

换句话说，**虽然企业的本质在于资金和人的双重性，但在公司治理权中，这种双重性却被忽视了。可以说，这是隐藏在股份制公司制度中的根本矛盾**。

这并不是说我否定股份制公司这种制度。股份制公司制度具有重大的社会意义，这一制度应当得到维护。然而，赤裸裸的股东主权（这里的主权指企业的治理权，股东主权即股东拥有企业的治理权）是否合理？我认为，我们应当更深入地思考员工主权的问题。

教科书上经常提到，股份制公司制度的意义在于，它允许有限责任的资本出资，分散风险，从而使广泛的资金筹措成为可能。换句话说，它使得社会中更广泛人群能够向企业提供风险资本。

然而，**我认为股份制公司制度的本质意义应该不止于此。**

股份制公司制度的本质意义在于，它通过资本多数决的原则（根据股东出资金额决定表决权的大小），量化了企业的支配权，使得不同股东的权力大小有了明确的区分。

这意味着，从"作为个体的人人平等"这一概念中解放出经济权力，使得某些人可以比其他人获得更多的支配权。

"量化企业支配权"的意义非常重大。在人类社会中，要明确量化权力的大小其实是一件棘手的事。民主主义的政治体制基于每个人平等地享有同等的权利，这就导致了在民主社会中的经济活动很容易倾向于平等主义，甚至有坠入极端平等主义的风险。而股份制公司制度的意义之一就在于防止这一现象的发生。

股东主权是二层，而员工主权是一层和二层之间的夹层？

正是因为股份制公司制度中存在着这样的本质矛盾，所以我并不认为前面提到的“放弃员工主权开始随波逐流”对日本企业来说是件好事。在我看来，重视员工，即以某种实际形式承认员工主权的经营方式，才是更为理想的经营原则。这种经营原则也是二战后日本企业取得巨大成功的原因之一。

此外，我认为这一原则的经济合理性现今依然具有重要意义。但**近年来，重视股东的趋势却正在否定员工主权的优点。这种“否定”正是“失去的三十年”期间日本企业成长表现差、盈利能力弱的主要原因之一**。在我看来，问题的关键就在于此。

当然，因为是股份制公司，因此在法律上日本企业的主权还是在股东的手中。但是，如果从员工主权优先的经营模式来看，实际的主权在员工手中，公司实际上是属于员工的。这正是我在上一节中所指出的，隐藏在股份制公司制度中的根本矛盾，而日本企业面对这一矛盾时，尝试通过扬弃（Aufheben，融合性解决）来解决它，我认为这就是背后的思维方式。

具体来说，二战后，日本企业一直在试图回避股份制公司制度中的根本矛盾，但在劳资关系尖锐对立且可能引发社会动荡的情况下，它们半自发地进行了某种探索。我将其解释为，**在保留股东主权作为“二层原则”（主导全局的基本原则）的同时，又在一层与二层的“夹层”中引入了员工主权（员工也拥有参与公司治理的权力）**。

在日本社会中，有许多引入“**夹层原则**”的历史案例，甚至可以说这是支撑日本社会的一个系统。**“二层”是主导全局的基本原则，“一层”则是处于被统治地位的基层**。如果仅仅只是将基本原则一五一十地贯彻到基层一线，就会产生一种扭曲感，这种扭曲感可能导致整个系统失灵。为了规避这种失灵的风险，只好在“夹层”插入一些辅助性原则，这便是“夹层原则”的意义。

举一个与企业经营无关的例子。在日语表记的领域，“二层原则”就是以汉字这种表意文字为基础的表记方式。一直以来日本没有文字，但在大约公元 5 世纪，从中国传来了汉字。不久，汉字的文字系统就自然而然地成了日本表记系统的基本原则，即“二层原则”。

但当时，日本能读写汉字的人非常有限。由此，日本社会就产生了一种扭曲感，“如果一直用汉字表记，那日本人就无法写作”。于是，就有人发明了新的表音文字——

假名。假名字数少，表记简单，对普通人来说是易于使用的表记手段。

不过，即便在假名发明之后，汉字系统还是被作为表记的基本原则。“二层原则”并未改变，只是日本社会中被插入了“假名表记”这一“夹层原则”。正是这种“夹层原则”与“二层原则”的结合，才使得日本的整个文字系统得以运作。

最终，日本的整个表记系统采用了汉字与假名混写的方式，这也就是现在日本人使用的汉字假名混写文。假名是表音文字，而汉字是表意文字。日语能够同时使用表音文字和表意文字进行语言表记，这非常罕见，在世界的主要语言中，可能只有日语是这样的。

除此以外，在日本社会中还存在相当多类似“夹层原则”的案例。日本企业中的员工主权正是引入“夹层原则”来缓和基层扭曲感的实例之一。

股份制公司制度决定了日本企业的“二层原则”一定是股东主权。但是，如果单纯地将股东主权原则彻底贯彻到基层（一层），就会自然而然地产生一种扭曲感——企业一线难以顺利开展工作。如前所述，如果企业仅仅被定义为股东财富最大化的工具，那么员工又怎会真心期望企业长期发展呢？

当然，我们也可以将员工福利与股东的财富增长挂钩来激励他们，使得员工站到“股东财富最大化”一方。但企业的治理权力归根到底是决定命运的权力。

如果作为企业这一经济组织的核心之一的员工不能拥有参加公司治理的权力，那么，他们的命运便会在毫不知情的情况下被决定，这才是问题的本质所在。

因此，二战后的日本企业在没有违反公司法制度（即“二层”的股东主权原则不变）的情况下，开创了许多新的组织惯例，将员工主权置于“夹层”。比如，董事会的大多数成员需要出身于员工，总裁必须有一线工作经历，通过交叉持股等方式缓和矛盾，创造“沉默的股东”，等等。

通过在“夹层”引入员工主权，日本企业激发了员工在一线的活力，汇集了来自一线的智慧，进而提高了企业的经济效益。经济效益的增加会带动股票分红和股价的提高，最终也会使股东受益，资金的集合同样得到了满足。

不过，这一逻辑仅适用于一般时期，到了非常时期（如企业面临经营危机时），则还是依据“二层”的股东主权原则来处理问题。换句话说，**在一般时期，日本企业会在考虑股东利益的前提下，依据“夹层”的员工主权原则**

来做出最终的经营决断，而到了非常时期，则还是由位于“二层”的股东权力一锤定音。在这种模式下，一般时期员工才会真心投入企业的成长，愿意将大量精力倾注到企业的发展中。

在日本，大多数企业都曾实行这种模式，可以说是一种“社会常识”。这也是“被夹层所支撑的日本社会”的独到之处。

然而自2001年以来，随着公司治理改革的推行，提高股东主权的呼声逐渐高涨，再加上法律上的约束，企业慢慢难以抵抗这种趋势。自泡沫经济破裂以来，日本企业逐渐丧失了信心，开始偏向股东，最后到了一发不可收拾的地步，“二层”的股东主权过度渗透到了基层一线。

员工参与治理的正当性

员工在“夹层”中分享“二层”的公司治理权力有何意义？这样做的正当性又在何处？

我认为，在为企业活动做出贡献的利益相关者（供应商、当地社区、自然环境、股东、员工等）中，唯有员工能够与股东相提并论，员工主权对企业的发展至关重要。

理由有二。

第一，员工与股东一样，属于企业这个经济组织的“内部人员”或者说是“构成成员”。尽管供应商、当地社区、自然环境等确实是企业活动的基础保证，但它们始终存在于企业外部。与股东、员工这种“内部人员”相比，它们的参与方式没有那么直接。因此，只有股东和员工才有资格成为企业“公民”(即主权持有者）的候选人。

我认为员工可以与股东相提并论的第二个理由在于，两者是唯一能够从经济效率和权力正当性这两个角度参与企业主权的群体。

这里所说的企业的经济效率，是指通过提高企业的市场竞争力来帮助企业获得更大的经济成果。**股东提供了“不逃跑的资金支持”，核心员工提供了“不逃跑的人力资源”，它们共同为企业带来了技术、知识、信任以及精神力量，形成了企业竞争力的源泉**。

通常情况下，“不逃跑的人力资源”对经济效率的贡献往往大于“不逃跑的资金支持”，因为员工是企业竞争力的核心。当然，若企业遇到资金极度短缺时，“不逃跑的资金支持”也是无比重要的。

权力正当性，也可以理解为权力的社会认同性。谁应该拥有决定企业这个组织及其相关人员命运的权力？它的正当性应来源于社会的感受和接受度。在这一点上，股东和员工都具备权力正当性。

关于公司治理权的正当性，可以归结为两个来源。一是**源于私有财产权的正当性**，二是**源于参与组织、付出劳动的正当性**。

源于私有财产权的正当性，是指财产所有权赋予了所有者一系列的附属权利，而企业也可以看作股东财产的一部分，他们自然拥有决定自己财产命运的权力。股份正是企业财产所有权的凭证。因此，若从这一正当性的角度来看，股东拥有公司治理权是理所当然的事情。

源于参与组织、付出劳动的正当性指的是，我们可以将企业视为一个由员工组成的共同体，一个个原本独立的个人参与企业组织，并为这个共同体的利益付出了劳动，这亦是正当性的来源。如果从这个角度来看，企业的核心员工理应享有企业的治理权力。

当然，投资者也同样参与了企业活动，他们也毋庸置疑拥有正当性。然而，在实际的股票市场中，真心投资企业未来的投资者是少数，更多的是那些利用股价波动来赚取差价的投机者，这样的事实十分令人痛心。在当前的股票市场中，投机者占据了大多数，而那些所谓的机构投资者实际上很多也是“机构投机者”。

这些不直接参与企业经济活动的投机者，却因为公司法的规定而拥有了企业治理的权力，这就导致了企业内部出现一种扭曲感。

在以上两种正当性的来源之中，大多数日本企业人心中更加认可源于参与组织、付出劳动的正当性。他们会这么想的原因隐藏于日本的社会历史之中。一直以来，日本社会就是由各式各样的共同体所组成的，日本人理所应当地认为参与组织、付出劳动就应该获得在共同体当中的发言权（最终也延伸到治理权力）。

下节我们会讨论，实际上在德国也存在这种共同体意识，也正因如此，德国创立了和日本类似的“员工主权的夹层”。

然而在美国，社会默认源于私有财产权的正当性应处于最优先地位。在盎格鲁－撒克逊国家，似乎对这种观点（财产所有权与政治权力挂钩）有着天然的社会倾向性。

从经济效率和权力正当性这两个角度来看，供应商、社区这些企业外部相关方参与治理权力的可能性似乎非常有限。他们并没有直接为企业的经济效率做出贡献，也未直接参与企业的活动。

企业“依赖于社会”才得以生存下去。从根本上讲，企业重视这些利益相关者的本质其实是回馈社会。因此，这些利益相关者可能出现在企业活动的“目标”当中，但想真正进入企业“权力”结构的内部实际上是非常困难的。

德国与日本：两种不同的“员工主权夹层”

这样看来，只有股东和员工才有资格进入公司的治理权力结构（参与决定公司命运的决策、任命经营者、监督权力的运行）当中。

在二战后，德国与日本都努力将员工置于“夹层”之中，但具体实现的方式却大相径庭。本节我们将探讨两国的不同之处。

与其他国家公司的董事会职责划分不同，德国的《劳资共同决定法》（1976 年制定）规定，在德国拥有 2 000 名以上员工的股份制公司（包括有限责任公司）应分设执行董事会和监事会两个组织：执行董事会负责管理，监事会则拥有任免董事以及决定公司基本方针的权力。

如果用现今多数日本公司所采用的制度来类比的话，日本企业中以执行董事为首的管理委员会相当于德国的执行董事会，而日本企业的董事会则相当于德国所谓的监事会。在德国，监事会成员必须由股东代表和员工代表以同等数量组成，这也就意味着股东和员工平等地共享公司治理的权力。

但在员工人数少于 2 000 人的德国公司中，员工代表在监事会中的比例规定仅为 1/3。德国有不少员工数为 1 900 多人的公司，原因之一或许就在于此，经营者似乎不希望员工过多地参与公司治理。

但与此同时，即使在那些 2 000 人以上的公司当中，虽然名义上股东和员工“平等”地共享主权，但德国企业也构思了一些制度上的设计，使得股东的意见最终得以占据上风。根据规定，监事会主席需由股东代表担任，主席在监事会表决出现平票时，可以获得额外的一票。

因此即使在某个议题上，由于股东和员工两方的对立导致了表决平票，股东方也一定能凭借这最后一票胜出。所以实际上，德国公司的主权可以说是 51% 属于股东，49% 属于员工。

德国公司治理体系的特别之处还在于，立法时没有从股东主权的角度出发制定公司法，这在全球都属于少数。在德国，员工主权几乎可以说是被放在了“二层”的位置（拥有 49% 的主权），并且这一地位由“法律制度”保证。

我猜想，德国能够形成此类《劳资共同决定法》，部分原因可能在于自古以来形成的日耳曼共同体的传统社会观念，德国社会普遍认为企业的所有权与控制权并非单纯属于持股的股东，他们不从财产权的角度去看待一个企业。

员工参与了企业活动、付出了劳动，他们就理应获得企业主权的分配。这种朴素的共同体意识在德国似乎根深蒂固。

德国通过“法律制度”分配了公司治理的权力，这颇具德国特色；而日本则是以“夹层”的形式保证了员工主权，这也是典型的日式做法，即**“不改法律改惯例”**。

日本企业将员工置于“夹层”的具体表现之一就是，在经济波动时，即使企业利润减少也要保住就业。日本泡沫经济破裂后，一大批日本企业深陷困境，时任日本经济团体联合会会长、丰田汽车董事长的丰田章一郎在公开场合发言道：“要保住就业。不能保住就业的经营者自己就先自裁吧。”

具体表现之二是，从员工中提拔董事会成员。这样一来，普通员工就会觉得有能够代表自己的人在董事会中，那些被提拔上去的员工董事们自然也会更加重视他们曾经的同事或下属的诉求。

此外，日本企业为了削弱公司法赋予“二层”股东的控制权，还积极推动交叉持股。公司间相互持有对方的股份，如此一来在各自的股东大会上反对经营者提案的声音就会更少。

日本企业为了将员工置于“夹层”之中展开了各种各样的行动，但这些行动都是以惯例的形式在现行公司的制度框架内逐步进行的，日本企业并没有寻求法律制度的改变。在日本企业内，位于“二层”的仍然是股东主权，因此你可以总结说日本企业的管理模式是“平常时期由员工主导，非常时期由股东主导”。在关键时刻，日本企业依然是以股东主权应对紧急情况。

这种“不改法律改惯例”做法的最大弊端是，削弱了对经营者的监督。

大多数企业的经营者实质上掌握着提拔员工董事的权力。因此，员工们就算对经营者有意见也难说出口。此外，交叉持股的股东之间也存在着某种默契，因此很难对经营者进行有效监督。

最近日本公司治理改革的目标之一，就是通过增加外部董事的数量、降低交叉持股比率等方式，补强日本式“员工主权夹层”制度的弱点。

尽管这一制度存在缺陷，但据我观察，许多日本企业都曾积极引入“员工主权夹层”，它们认为单纯依靠股东主权经营是不够的。

日本的“员工主权夹层”制度是在二战以后逐渐形成的，背后存在相应的历史背景。

首先，在二战后的经济混乱中，努力生存、渴望复兴的日本企业没有余力再去处理劳资关系的对立，它们自然而然地选择了一条劳资协作的道路。在这种情况下，日本企业形成了“重视一线员工声音的管理方式”，以民主的方式将员工的声音反映到企业管理中去。“员工主权夹层”由此而生。

同时，自江户时期以来日本的大型商号（在某种意义上相当于当时的大企业）中存在着传统的家族共同体式的企业观念，这也是“员工主权夹层”形成的社会历史背景之一，其中存在历史的关联性。企业是由员工组成的共同体，员工分享其中的治理权力是理所当然的。实际上，这种理念可以追溯到日本的江户时期。

三井组（三井财阀的前身，最早可追溯至越后屋吴服店）是江户末期的一家代表性商号，它是明治初期成立的日本第二家股份制公司。该公司股份的1/4由“番头”[一]和“手代”[二]持有。换句话说，日本的股份制公司自起源时员

㊀ 相当于管家。——译者注

㊁ 相当于店员。其地位高于“丁稚”（相当于学徒）、低于“番头”。——译者注

工持股的比例就比较高。“员工主权夹层”可以说是日本企业共同体意识的自然体现。

这种意识延续至今。

比如，在第 3 章我曾提到过一位大企业人事主管的感慨：“现在必须要重视股东了。过去几乎没有考虑他们，这对那些提供资本的股东来说是不负责任的。”“过去几乎没有考虑”过股东的利益，他的这种反思实际上并不是说日本企业就应该更重视股东（相对于员工），而是在强调员工主权的夹层地位。

在图 5-1 中我们可以看到 2001 年之前日本企业极低的股东分配率，他的这番话正好与此相互印证。这位人事主管只是在反思股东分配率稳定在低位的现象，他绝不是在为次贷危机后股东分配率的急剧上升（股票分红甚至在 2021 年超过了设备投资）开脱。我的这位朋友现在已经去世了，他如果看到次贷危机以来日本企业限制投资、重视股票分红的做法，肯定也会感到悲哀吧。

第 4 章提到曾担任某大企业的人事部部长的话，正代言了这种感慨：“为什么在不知不觉中就把股东放到了第一位，而将员工放到了第二位呢？这一点应该反思。”他虽然意识到自己并非有意为之，却一再向员工“撒娇”，屈服于社会对“重视股东”的呼声。

员工主权的经济合理性：公平性

企业归根到底是一个经济组织，最终目的是获取更大的经济利益。从这个角度来看，将员工主权引入“夹层”之中究竟是否具有经济合理性呢？

接下来，我们将从公平性和组织效率的角度来讨论这个问题。其中，我将公平性和组织效率进一步分解为了两个要素来进行讨论。

（1）公平性

- 贡献的本质性。
- 风险承担。

（2）组织效率

- 激励效率。
- 信息效率。

公平性的第一个要素“**贡献的本质性**”，是在讨论股东和员工谁对企业竞争力的本质贡献更大。对竞争力本质贡献更大的一方理应拥有更大的主权，这才是公平的。

企业竞争力的源泉是什么？谁在为企业提供竞争力？毫无疑问，在企业竞争力方面员工比股东贡献更大。企业竞争力的源泉在于技术、知识与执行力、外部信用、基层员工的心理状态等方面，而与这些因素直接相关的，当然就是员工本身。

学习新知识的能力、将个人学习成果传授给更多人的能力、将自身优势转换成竞争力的能力……员工的这些能力对于提升企业竞争力至关重要。虽然股东提供的资本确实是从市场购买生产所需设备的基础，但它对“提升竞争力”的作用相对有限。

接下来是公平性的第二个要素——**风险承担**。在企业开展相关活动时需要有人承担风险，风险承担责任更大的一方（股东或员工）应拥有更大的主权，这才是公平的。

企业产出经济成果后会进行分配，在这个分配过程中员工优先于股东。员工的固定工资类似于债权的固定利息，不论产出的业绩如何，企业都需要支付员工工资。从这个角度来看，股东承担了更多的风险。

此外，股东投入了“不会逃跑的资金”，如果企业破产的话这一部分资金也将无法收回，这个风险只有股东自己承担。但同时，员工，尤其是长期效力于企业的核心员工，同样承担着与企业同命运、共进退的风险。或许在企业濒临崩溃的最后阶段，员工也可以从企业“逃离”，但他们到此为止投入的努力则相当于打了水漂，最后并不能获得资金形式的回报。

从分配优先权和非常时期的损失来看，股东和员工各自承担着不同类型的风险。但当我们考虑到逃离企业的自由度（即规避重大风险的自由度）时，上市企业股东（即可以自由买卖股票的股东）所承担的风险难以同长期效力于企业的员工相提并论。

上市企业的股东通过股市买卖股票，以个人名义每日自由进出企业。也就是说，他们拥有退出企业的选项。虽然股东确实投入了“不会逃跑的资金”，并且也没有要求返还资本的权利，但他们可以通过将股票卖给他人以逃离企业。

然而，对于员工来说，逃离企业就没有那么容易了。在劳动力市场流动性极强的国家，员工可以通过跳槽逃离企业。但即便如此，考虑到跳槽的成本，员工的“逃离自由度”还是低于股东。在日本，劳动力市场尚未得到充分发展，市场狭小、灵活性不足，员工的逃离自由度更是小得多。

综合以上三个方面（分配优先权、非常时期的损失、逃离自由度）来判断，实际上**日本企业核心员工所承担的风险比普通股东要大得多**。

员工主权的经济合理性：组织效率

接下来，我们来讨论股东主权与员工主权对组织效率的影响。首先来看激励效率。

主权的**激励效率**是指在比较股东主权和员工主权时，哪一种主权能够更有效地为主权者提供提升组织效率的激励。这是一个关于效率的问题。

股东为企业提供的是权益资本，而员工则提供的是劳动服务。从这个角度来看，股东主权带来的激励效率相当之低。

第一，资本金是以货币的形式提供给企业的，不论股东是否拥有主权，资金对组织效率的贡献都不会发生变化。100 万日元的注册资本，就只能发挥 100 万日元货币价值的作用。

第二，手握治理权的股东是否能够直接影响企业的生产一线？答案是否定的。他们往往只能以更换管理层、在股东大会上提出抗议等间接的方式来影响企业的组织效率。

只有员工才可以直接地影响组织效率。每天是否充分履行了应尽的劳动义务，实际上只有员工自己心里清楚。如果员工能感到“自己拥有企业的主权”，那他们就会强烈地意识到“如果我懈怠的话，其后果将直接影响我自己的利益”。如此一来，我们就可以期待员工会更加积极地确保劳动服务中自由裁量的部分得到落实，从而提高决策效率。

换句话说，如果员工拥有主权，那么员工的个人利益与企业的组织利益就更有可能趋于一致。因为员工为企业付出努力，为企业做出最佳决策，最终的收益也会反馈到自己身上。

从组织效率的角度来看，两者基本利益的一致会带来很多好处。第一，员工参与企业活动的积极性会大大提高。也就是说，他们会更加积极地参与企业活动，并愿意为企业组织的活动投入精力。

第二，员工更有可能从长远和整体的视角做出决策。他们不会像在股东主权下那样，单纯追求眼前的短期利益，或只关心自己的一亩三分地，因为他们知道如果这样做，最终自己也会受到负面的影响。

员工主权对组织效率的第二个影响要素是**信息效率**。信息效率讨论的是拥有主权的人在为企业做出重要决策时，能否获得所需的决策信息。

从信息效率的角度来看，员工主权也是高效的。这涉及一个基本问题，即到底是谁掌握企业做出重要决策时所需的信息？对于一家企业来说，最重要的信息还是那些与竞争力直接相关的要素，如技术、专业知识、信誉以及员工的心理状态。企业应该涉足什么领域？未来技术积累的方向是什么？设备投资应采取何种方针？当一家企业需要做出这些重大决策时，信息是不可或缺的。

而只有在日常的实际工作中涉足一线的员工才能掌握所需的相关信息。股东并不直接拥有这些信息，他们只能通过基层的报告获取信息。但由下至上、准确无误地传递这些信息其实极为困难。

在股东主权下，名义上由代表股东的董事会做出企业重大决策。但他们实际上很难掌握一线基层的准确情况。正因如此，现今许多外部董事很难投出自己的一票。

但如果信息的一手拥有者同时也是决策者，就可以很好地解决信息传递不对等的问题。**拥有信息的人直接做出决策，就从根本上避免了信息传递中产生的问题。也就是说，就信息效率而言，员工主权更有优越性**。

总结上述两节的讨论，从公平性和组织效率这两个角度来看，我们可以得出结论：比起股东主权，员工主权具有更强的经济合理性。正因如此，我认为二战后日本企业能够取得成功的一个重要原因，就是重视员工主权的制度设计。

尽管如此，当企业内部产生重大意见分歧时，单靠员工主权来解决问题就略显不足了。这时就需要股份制公司制度出场，它可以基于持股多少来划分权力大小，从而解决企业内部的重大意见分歧。因此，把股东主权放在“二层”，员工主权放在“夹层”，这样的设计具有深刻的内涵。

“员工主权夹层”的陷阱

综合人力资源的关键性、“员工主权夹层”的正当性以及员工主权的经济合理性等因素考虑，我认为现今许多日本企业贯彻推行股东主权管理模式的这一做法有待商榷。过度推行股东主权，意味着日本企业偏离了二战后取得成功的道路。

但同时，我们也必须充分意识到“员工主权夹层”带来的一些陷阱。这些陷阱可能会使得“员工主权夹层”产生负面作用。

在泡沫经济破裂后，一些陷阱实际上已经在日本企业中显现了出来。也正是由于这些陷阱的出现，近年来重视股东的理念被更多的日本企业所接受。

其中最典型的陷阱之一就是，经营者因为惧怕员工的

反对而难以做出符合企业长远利益的行动。例如，某个业务部门长期业绩低迷，但该部门中又有许多长期工作的老员工，在这种情况下经营者就很难下决心裁撤该业务。

这一例子表明，员工集体可能会为了保护既得利益而成为企业发展的阻力，而经营者如果不去克服这些阻力，对企业的发展来说就是十分危险的。事实上，很多日本企业或多或少都存在类似情况。

另一个负面作用的例子是，由于过分强调企业作为人力结合体的一面，导致企业作为资金结合体所应具备的资金敏感度（也就是对投资效率的重视）可能会减弱。这种危险包括出于对员工群体的考虑，不自觉地允许低投资效率的投资，或不愿承担必要的投资风险。

以上这些问题，都是经营者在需要做出投资决策时犹豫不决所引发的。实际上，近年来备受关注的日本企业资本效率低下的问题，背后很可能就是“夹层”的负面作用在作祟。资本的低效削弱了企业在经济系统中的本质功能（有效利用资本的途径），这是一个相当严重的问题。

在泡沫经济破裂后，陷阱越发明显。尤其是在不愿承担投资风险这一点上，日本企业表现得最为突出，一直在加大限制投资的力度。为了避开这些陷阱，经营者必须实行“严格的”员工主权管理，但现实情况多是事与愿违。

但这并不意味着日本企业应该放弃员工主权原则，转而完全推行“二层”的股东主义，将股东主权全面贯彻于企业管理中。真正的问题在于经营者没有意识到自己的责任如此重大，在企业经营中没有执行“严格的”员工主权管理。关于这部分内容我将在下一章详细讨论。

与此同时，**我们必须充分认识到日本经营原则的优点及其经济合理性，并对近年来美国式股东主义的公司治理模式的过度渗透做出适当批判**。这种渗透最终使得日本企业抛弃员工主权开始了随波逐流，真是令人扼腕。

在 2023 年 6 月的日本企业股东大会季，美国投票顾问服务公司所提出的几项建议成为讨论的焦点。其中，它们在一家公司的股东大会上对外部董事候选人的独立性提出了质疑，并建议否决提名作为经营者的候选人参加董事连任。

成为这一牺牲品的就是卸任丰田社长一职、转任会长的丰田章男，尽管他的连任并未在股东大会上被否决。虽然他为丰田的成长做出了巨大的贡献，并得到了众人的一致认可，但仅仅因为 4 名外部董事候选人中有一人的独立性存在一些疑问，美国投票顾问服务公司便建议股东大会否决他的董事连任（及会长就任）。

我认为这是股东权力的滥用，是美国投票顾问服务公司的专横行为。支持我的这种观点的业内人士也不在少数。

虽然遭到了美国投票顾问服务公司的质疑，但丰田章男还是以 84.6% 的得票率当选董事。但比起前一年，得票率下降了 11%。也就是说，还是有很多的股东接受了美国投票顾问服务公司的不合理建议。对此，难道只有我一个人感到，日本企业的股东对“整体经营”缺乏责任感吗？

| 第 6 章 |

基恩士凭借员工主权的经营模式取得长足发展

尚未跨过卢比孔河的日本企业

在 2022 年冬天的一场会议中，我与一些大企业的年轻高管讨论了员工主权与股东主权的问题。他们中的大多数人都认为，将主权的 70% 左右分配给员工是一个比较理想的状态。

但讨论时，有人表示："可在我看来，日本企业已经跨过了卢比孔河。"他自己也认为员工主权占 70% 是理想的，但现实情况却是包括其公司在内的许多日本企业的员工主权的占比甚至在五成以下。

卢比孔河是古罗马帝国时期，罗马与北部意大利之间的界河。时任罗马共和国高卢行省长官的尤利乌斯・恺撒在从高卢（现在的法国）率领手下的第 13 军团紧急返回政局动荡的罗马时，渡过了这条河。当时，越过这条界河进入罗马领土实际上就意味着发动政变，恺撒告知士兵们“跨过卢比孔河”。后来，“跨过卢比孔河”就象征着“木已成舟”，再无法回头。

这位年轻的高管担心日本企业的公司治理模式、经营模式已经越过了一个难以回头的界限，正在向美式管理模式转变。他所任职的公司在为年轻员工的离职问题困扰，这让他似乎感觉到了一种危机感，为了适应新一代的年轻人，日本企业不得不抛弃传统的做法。

如果用稍微夸张一点的说法来讲，**他是在忧心未来日本企业中人本主义与资本主义的撕裂**。

在接下来的篇幅我会先说明何为**人本主义**，人本主义是二战后日本企业的经营原则，**它将“人际网络的稳定与有效利用”视为企业效率的源泉**。人本主义管理中的重要组成部分之一是员工主权。

而资本主义则强调金钱原则，它是美国企业中常见的一种管理理念。

“人本主义”这个词是我为了对比资本主义而创造的。**资本主义将金钱视为经济活动中最根本且稀缺的资源，企业系统围绕提供资源（资本）的主体而建立（也就是“资”本主义）。而人本主义则强调人是经济活动中最根本且稀缺**

的资源，试图围绕提供人力资源的主体编排企业系统的核心原则。更进一步说，人本主义认为企业建立长久稳定的人际网络才是最重要的。

许多日本企业在经营原则上正经历着人本主义与美国式资本主义之间的撕裂，日本企业正在跨过卢比孔河倒向美国模式，这便是这位年轻高管想要表达的观点。

这种撕裂的最大原因，可能是泡沫经济破裂后日本企业表现的低迷。就我自己而言，最开始感受到撕裂的迹象是在1999年左右。于是我在2000年出版了《不要误判经营的未来》一书，该书副标题为“通往数字人本主义的道路”，这本书在当时便主张应当维护人本主义的理念。

自1987年出版《人本主义：变化的经营、不变的原理》开始，我一直在倡导日本企业人本主义的理念。后面，我将通过基恩士的经营实例为大家详细分析这一理念。在上一章我们详细讨论了员工主权的问题，而人本主义经营中的核心问题就是要搞清楚“企业是谁的企业”，大家也可以结合前文内容一同理解。

2000年，我还出版了《日本式公司治理》(日本经济新闻社)，其副标题为“员工主权企业的逻辑与改革”，在书中我对员工主权也有过详细论述。我认为，企业必须按照员工主权的原则来建立对经营者的监督机制，从这个意义上来说，公司治理改革势在必行。在这本书的最后一章提到了我对公司法改革的初步想法。

这本书在 2002 年获得了日本公认会计士协会的最佳图书奖，当时我也没有想到能获此殊荣。这表明其实有很多与我观点相同的人，包括一些从事股份制公司审计工作的会计师（至少在那个时候是如此）。

但在 1999 年左右，自我开始感受到日本企业中人本主义与资本主义的撕裂以来，如第 2 章的数据所示，日本企业在附加值分配等方面开始向股东倾斜，也就是说，它们自此逐渐抛弃员工主权，慢慢开始了随波逐流。之后，许多日本企业似乎迷失了自我，最终在次贷危机之后，陷入了随波逐流。

不过，我认为实际上许多日本企业并不能说真正渡过了卢比孔河。

我想跟大家分享一下我的观察结论，这 4 个结论虽然不能算是"证据"，却让我觉得其实有许多企业现在仍是停在卢比孔河的岸边犹豫不决。

第一，正如本节开头所提到的，许多日本企业的年轻高管认为分配给员工 70% 左右的主权是比较理想的，他们的这种想法很大程度上反映了一线基层真实的声音。不过，每当有人提及这种想法时，总会有反对的声音出现，“社会舆论可不是这样说的……”

第二，自2023年春天以来，我曾在演讲会等多个场合，提到日本大企业2021年的股票分红超过设备投资，附加值的股东分配率急剧上升，劳动分配率显著下降。对此，许多人都表示惊讶，认为“这可不好，必须纠正这一趋势”。从他们的反应中也可看到日本社会对迅速转向股东主权的犹豫。

第三，自2022年左右开始，日本企业对“人力资本管理”的关注度突然上升。在这一年，政府要求企业必须公开自身人力资本的管理方式，这当然是其背后的原因之一，但关注度的突然上升也反映出了许多日本企业已经有所警觉，开始反思自己是否过度重视股东。在这样的反思中，日本企业对人力资本愈加重视。在2023年夏天，我曾进行过一次演讲，题目就是“对人力资本管理的重新审视——日本企业对过度重视股东的警觉”。

第四，日本还是有一些优秀的企业一直坚持着员工主权，维护着人本主义的经营理念（没有随波逐流）。最近，社会对这些还没有跨过卢比孔河的企业的关注度似乎也在提高。

丰田和基恩士便是其中的例子。关于丰田，我将在下一章提及，而在本章，我会详细介绍基恩士的经营情况。

基恩士——惊人的成长势头与卓越的经营效率

基恩士是一家“以传感器制造为主要业务的工厂自动化综合制造商。目前在全球 46 个国家的 240 个地区开展业务。为汽车、半导体、电子电气设备、通信、机械、化学、药品、食品等领域的 30 多万家‘生产’厂商提供高附加值产品”。（摘自基恩士财团主页）

该公司 2022 年度的销售额约为 9 200 亿日元，员工人数约为 1 万人，尽管规模并不算大，但在东京证券交易所的市值排名中，位居丰田、索尼之后，名列第三（截至 2023 年 7 月）。这是一家在股市上风评颇高的“人本主义企业”。

此外，在 2022 年 12 月至 2023 年 3 月，关于该公司经营情况的图书一下子出版了两本（西冈杏的《解剖基恩士》，延冈健太郎的《基恩士：高附加值经营的逻辑》），引起了相当大的社会关注。

基恩士通过持续向客户提供巨大价值而实现了显著增长，它的经营效率非常高。在其背后，是基恩士创始人泷崎武光所强调的“原理与原则的重要性”。基恩士凭借着自身的经营原则和经营理念，实现了惊人的增长和高效的管理。

该公司的主营业务是销售工厂自动化相关的设备和部件，但具体产品的生产都是委托给关系紧密的制造企业，属于无工厂（fabless）模式。其销售方式全部为直销，不依赖代理商。

基恩士在其年度证券报告中明确将“公司的长期经营”和“以最少的资本和人员创造最大的附加值”作为经营方针的基本理念，同时强调要追求“附加值”和“业务效率”。

基恩士的这种经营理念完全反映在了它们的业绩当中。将附加值一词直接写入经营方针，这样的公司实属不多。基恩士的前员工藏知弘史（现任 iSquared 总裁）表示：“在基恩士，追求附加值的经营方针几乎可以说是被刻在了每个员工的心中。”

图 6-1 和图 6-2 展示了基恩士惊人的成长势头与卓越的经营效率。

图 6-1 和图 6-2 中的数据取自基恩士官网 2011 年度（2012 年 3 月的决算）以来公布的年度证券报告（以下简称“报告”）。

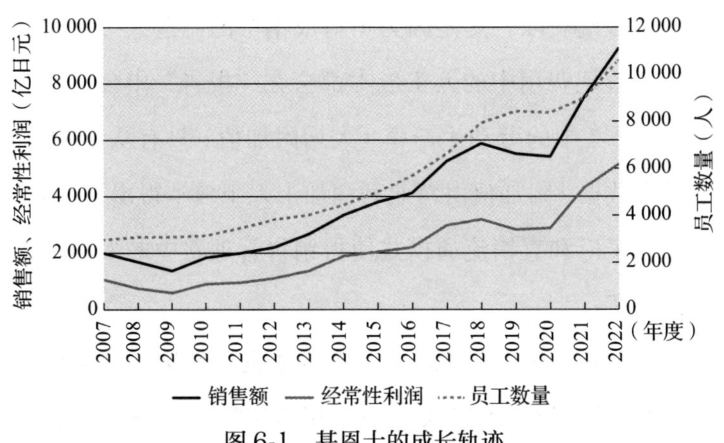

图 6-1 基恩士的成长轨迹

资料来源：基恩士“年度证券报告”。

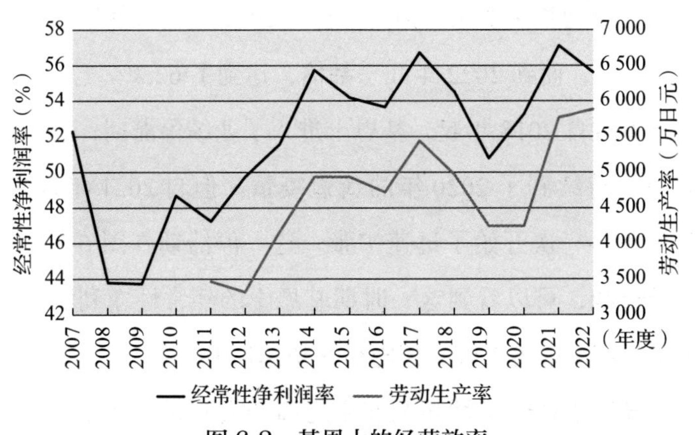

图 6-2 基恩士的经营效率

资料来源：基恩士“年度证券报告”。

我们可以获取到从 2007 年开始的销售额、员工人数、经常性利润等数据，而人工成本的数据则可以从 2011 年开始通过官网获取。这是因为销售成本中的制造人工费用以及销售管理费用中的人工成本都会在“报告”中公开。因此，图 6-2 中的劳动生产率（人均附加值）只有从 2011 年起才有数据（附加值由营业利润加上人工成本得出）。基恩士的无工厂和直销流通模式使得销售管理费中的人工成本占比极高。

如图 6-1 所示，基恩士在次贷危机后经历了业绩的大幅下滑，但其随后的恢复、成长相当显著。在 2022 年它的销售额达到了 9 224 亿日元，是 2007 年销售额的 4.6 倍。基恩士的增长主要来自海外扩张，2011 年其海外销售占比为 31.4%，而到 2022 年几乎翻倍，达到了 62.3%。

不过自 2018 年起，基恩士进入了业绩停滞期，这一停滞一直持续到了 2020 年的新冠疫情。但自 2021 年以来，基恩士再一次开始了迅速扩张。这一停滞期在图 6-2 中也有所反映，可以看到这一时期基恩士的经常性净利润率与劳动生产率显著下降，但随后又快速回升。

基恩士的经常性净利润率之高令人咋舌。在 2021 年，它的经常性净利润率竟高达 57.1%，创历史最高。在经历次贷危机后的 2009 年，其最低值也有 43.7%。若与图 1-3 中展示的日本大企业的经常性净利润率相比，基恩士的经常性净利润率极其突出，是日本大企业整体水平的约 5 倍。

此外，基恩士的劳动生产率也高得令人震惊。2022 年基恩士的劳动生产率为 5 883 万日元，是十年前 2012 年的 1.8 倍，增长率非常高。顺便一提，日本大企业 2021 年的劳动生产率平均值为 1 342 万日元，而基恩士同年的劳动生产率为 5 772 万日元，是日本大企业的 4.3 倍。

高劳动生产率在员工的平均年收入中也有反映。基恩士集团的母公司（主要负责国内业务和海外业务的统筹）2022 年员工（平均年龄 35.8 岁）的平均年收入为 2 279 万日元，几乎与日本大企业的执行董事平均年收入相近。

2011 年母公司的员工平均年收入为 1 322 万日元，也就是说，工资在十多年的时间里约增长至原来的 1.7 倍。这与基恩士集团劳动生产率（见图 6-2）的上升速度基本相同。

基恩士的员工主权经营

在 40 年前创立基恩士的泷崎武光（截至 2023 年仍担任董事会名誉会长），一直以来是怀着什么样的信念来培育这家企业的呢？关于公司的经营，他自己对外界透露的很少，但我们可以从公司员工们的回忆中，来窥见他的一些想法。

一位基恩士的前员工回忆道，泷崎武光曾在20世纪80年代中期对他们说过这样的话：

“公司的未来不单单依靠经营者，你们（员工）对于未来有怎样的目标，你们的工作表现将决定公司的未来。”（摘自西冈杏《解剖基恩士》）

泷崎武光强调员工是公司的核心。基恩士给员工开出丰厚的工资，并且一直大力投入对员工的培养，从这些地方就可以看出，泷崎武光把自己的理念落到了实处（这一点将在后文详述）。

“比起员工，泷崎武光对股东的态度截然不同。”藏知弘史（在上一节中提到过）说道。他现在已经离开基恩士自己创业了，但仍称赞道“基恩士是一家了不起的公司”。

“泷崎优先考虑的永远是客户和员工的利益。他对投资者关系非常敷衍，基恩士以不重视股东而闻名。他认为不需要过多地照顾股东，内部留存才是公司得以长久经营的必要条件。一家公司的目标应是持续为客户提供附加值、保障员工的就业。泷崎武光在公司会议上曾公开表示，股东不必期待分红，基恩士只会通过持续的业绩提升来帮助资本实现获利。”

从这个角度来看，泷崎武光正是员工主权经营的实践者。为此，基恩士设计了多种机制，使得员工分配（即人力成本）与公司业绩挂钩，这也让员工意识到了自己才是主角（即拥有主权）。其中，就不得不提到员工持股会和业绩挂钩制度。

在基恩士，据说几乎所有员工在职期间都会加入员工持股会。公司还会对员工的持股投资提供补助。员工可以每月向持股会存入最高相当于基本工资 10% 的资金，同时，公司会对其储蓄金额的 10% 进行补助。

持股会的建设由泷崎武光亲自主持推动。藏知弘史谈到，为了让员工理解持股会的重要性，泷崎武光还从以下三个方面向他们解释过。这一系列的努力让员工意识到，自己才是主权的所有者。

- 员工未来的保障。
- 归属感的建立。
- 对业绩（业绩 = 股价）的关注，以及参与经营的意识。

接下来，我们来看基恩士的业绩挂钩制度。

它是一个业绩联动部分极大的奖励系统。在这个体系中，比起个人业绩，工资的多少更多挂钩于全公司的业绩（以营业利润为基础）。“报告”显示，基恩士组织负责人薪资（如事业部部长或营业所长）的业绩挂钩部分占比在

60% ～ 70%。

以一般员工为例，入职五年的大学毕业生的年薪构成平均为：基本工资 150 万日元 + 加班费 120 万日元 + 业绩奖金 600 万日元 + 奖金 600 万日元，总年收入约为 1 470 万日元。业绩奖金即每月与业绩挂钩的薪酬，而奖金则根据每一季度的业绩进行发放。平均来看，基恩士员工的薪资当中，业绩挂钩部分达到 1 200 万日元，占年收入的 81%。

总的来说，基恩士的薪资与公司整体的营业业绩指标挂钩，但在最终发放时，也会考虑个人的表现。从本质上讲，它和股票分红的标准类似。这一机制正是员工主权经营的象征。

具体来说，公司每月的业绩奖金和每季度的奖金都是由营业利润所决定的，然后根据个人的业绩评价进行分配。个人间的奖金差距并不是很大。

就拿销售人员来举例，其个人的业绩评价由销售数据和过程评估组成。过程评估即基恩士会对销售人员的具体工作内容进行考量，包括销售活动的方式和频率、对销售问题的解决办法、有效商谈数量、所听取的客户信息、提案所需的知识积累、对提案的理解程度等方面。基恩士对员工的过程评估充分深入基层一线（关于过程评估，详见延冈健太郎《基恩士：高附加值经营的逻辑》)。

基恩士的附加值分配模式非常独特，可以说是企业第一、员工第二、股东第三。

图 6-3 清楚地展示了基恩士的这种独特模式，你可以将基恩士与其他的日本大企业进行比较（结合图 3-5）。

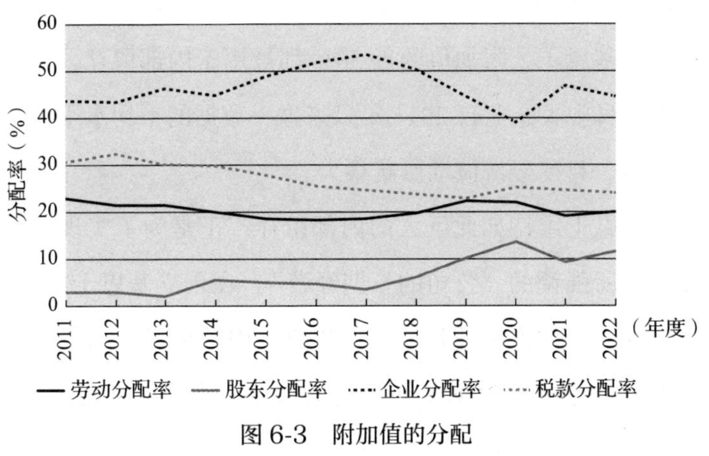

图 6-3 附加值的分配

资料来源：基恩士“年度证券报告”。

通过比较，我们可以观察到许多明显的不同之处。

其中最大的不同在于，基恩士各种分配率相对稳定。基恩士的各分配率折线均接近于水平线，而日本大企业的各种分配率则变化幅度很大。仅在 2018 年，基恩士的股东分配率明显上升，企业分配率明显下降。在经济波动时，日本大企业的各种分配率变化幅度很大，但基恩士却相对稳定，这意味着基恩士对所有相关方（如股东和员工）的分配都是与业绩挂钩的（税款当然也与利润挂钩）。

基恩士与其他日本大企业的第二点不同在于企业分配率的水平。基恩士的企业分配率自 2011 年起一直维持在 40% ～ 50%，水平非常高且相当稳定。我们在图 6-1 中看到的基恩士经常性利润的急剧增长，其背后是附加值的增加。在基恩士，附加值的近 50% 都被用于内部留存。相比之下，日本大企业自 2011 年以来这一数据的平均水平仅约为 10%，且受经济波动影响很大。

基恩士维持如此巨大的内部留存，正是为了实现经营方针中所强调的"公司的长期经营"。在创立基恩士之前，泷崎武光的两次创业均以破产告终，因此他对公司的长期经营格外重视。根据藏知弘史的说法，在泷崎武光看来，公司若想实现长期经营必须肩负起以下三点责任：

- 持续为客户提供附加值。
- 保障员工就业。
- 不断改变社会。

其中，泷崎武光并没有提到股东，这一点令我印象深刻。

公司治理改革的差等生？

接着对比图 3-5 和图 6-3，第三个不同之处在于股东分配率的变化。自 2011 年以来，日本大企业的股东分配率急剧上升，而基恩士的增长则较为缓慢。在 2021 年，日本大企业的股东分配率为 21.8%，而基恩士仅有 9.4%，差距甚大。

2017 年以前，基恩士的股东分配率一直稳定在 4% 左右。这个水平与日本大企业在 2001 年之前的平均股东分配率差不多（虽然基恩士的股东分配率低，但由于其创造的附加值巨大，因此从净值上看分红额度仍然相当高）。

在公司治理改革中，日本大企业对重视股东、重视分红的呼声做出了极其强烈的反应。与之相比，基恩士则略显冷漠。结合后文将会提到的基恩士对公司治理制度化“反应迟钝”，我们可以说，基恩士是公司治理改革中的差等生，或者说，基恩士出于某种目的甘当差等生。

确实，基恩士的股东分配率在 2014 年跳升至近 3%，但在那之后很长时间便再无上升迹象。直至 2018 年，基恩士的股东分配率才又开始大幅增加，但其背后的原因更多在于基恩士基金会社会慈善活动支出的增加，而不是迫于公司治理改革的压力。

泷崎武光以捐赠基恩士股票的方式，于 2018 年成立了基恩士基金会。该基金会主要从事慈善活动，为日本大学生提供奖学金，它计划从 2024 年 4 月起，每年向 600 名大学新生发放 120 万日元的无偿奖学金。加上其他的助学项目，基恩士基金会每年会向 2 400 名大学生提供奖学金，这是一项规模庞大的社会贡献支出。

基恩士基金会单是无偿奖学金这一项，每年的额度就达到了 28.8 亿日元。如果再加上基金会的运营费用，每年所需预算可能超过 30 亿日元。自 2018 年以来，基恩士每股的分红在逐步增加，到 2023 年 3 月达到了 300 日元。基恩士基金会持有 111 000 股，持股比例为 4.6%，如果计算其当年持股分红的话，我们可以发现，它与基金会 2023 年度的预算 33 亿日元完全吻合。

此外，从 2018 年开始，基恩士股东分配率的上升与其企业分配率的下降保持了同样的速率。与此同时，劳动分配率在 2018 年后稳中有升。换句话说，基恩士是以降低企业分配率的方式来平衡股东分配率的提高，未干预员工的劳动分配率。这与 2011 年之后的日本大企业形成了鲜明的对比，它们就是通过压低劳动分配率（企业分配率不变）来实现股东分配率的长期上升。

基恩士在确保员工分配的前提下，提高了股东分配率。

它提高股东分配率主要是为了增加基恩士基金会的股票分红收益以开展无偿奖学金计划。我想基于员工主权经营的基恩士正是得益于其高收益，才能进行这样的操作吧。

在图 6-3 中，我们还可以看到基恩士的另一特征，由于基恩士的相关产品利润巨大，它需要支付巨额的税款。可以说，几乎没有企业像基恩士一样，将附加值的 1/3 都用于支付税款。

1972 年，泷崎武光创立了基恩士，之后于 2000 年卸任总裁，2015 年卸任董事会会长，仅保留名誉会长的职位。他是基恩士最大的个人股东，持股比例为 3.2%。但如果再加上泷崎武光的个人资产管理公司和通过捐赠基恩士股票所成立的基恩士基金会（主要慈善活动为给大学生发放奖学金），他个人的持股比例至少为 22.8%。

因此，在 2014 年公司治理改革的浪潮中，如果基恩士顺势转向重视股东，对于泷崎武光来说，作为最大个人股东的他可以获得巨大的经济利益。但如果基恩士 2014 年和 2018 年提高股票分红的主要目的是确保股东的分红收入，那其一直以来极低的股东分配率也就无法解释了。

基恩士对公司治理改革的整体反应并不明显。前文指出的其股东分配率的相对稳定就是一个例子。更进一步来说，对《日本公司治理准则》中的相关规范要求，基恩士也是一种“能不做就不做”的心态。

就比如说，自2014年以来，许多企业都引入了与股价挂钩的高管薪酬制度（例如股票期权），而基恩士没有。

再比如，自2023年4月起，政府要求企业公示其在可持续性与人力资本相关方面的信息，在2023年3月的年报中许多企业都花了非常多的篇幅做了说明，而基恩士在年报中的描述却非常有限。

基恩士年报的整体内容比其他企业少得多。2022年度基恩士年报仅有77页（尽管这比以前要多），对比与基恩士在同一产业领域的其他企业，村田制作所有155页、欧姆龙有192页。也就是说，基恩士年报的内容大概只有它们的一半。而在其他行业中，年报超过200页已是常态。

实际上，早在人力资本成为社会关注的焦点之前，基恩士就已经在年报中的“经营课题”部分明确写入了自己的人才培养方针。从2011年度到2018年度，基恩士重要的经营课题之一就是“进一步提高人力资本储备”（另一个是海外事业的扩张）。因此，它可能对政府推动下的人力资本经营倡议感到反感。

基恩士每年在说明自身的经营课题之一“进一步提高人力资本储备”时，都会引用以下这段话，它恰如其分地表现出基恩士经营原则的特点。（关于这部分内容我还会在后文做详细分析。)

“让每位员工都发挥主动性，形成充满活力的集体。这将同时提高个人的力量与集体的力量。具体而言，我们将进一步推进公司内部组织的扁平化、信息的开放化，构建公平且透明的内部组织等。”

这是一家非常独特的公司。至少，基恩士在外资股东比例非常高的情况下，依然没有表现出媚俗的姿态。但也因此，在股东大会上泷崎武光和现任总裁获得的支持率，较普通企业要低得多。

以 2023 年 6 月的股东大会数据为例，支持泷崎武光留任董事的得票率为 89.9%，现任总裁中田有约为 87%。在过去，泷崎武光最低时仅有 70% 多的支持率，现在可以说是高了很多了（可能是因为提高了股票分红）。以泷崎武光为代表的基恩士管理层帮助企业实现了长期以来的高收益，并且做到了市值日本第三。可基恩士的股东似乎并没有那么支持他们，这属实令人费解。

公司内部的管理原则

如前所述，被称为“人本主义企业”的基恩士在股市上风评颇高。这一节，我将详细分析基恩士人本主义经营的原则。与前文讨论的员工主权经营原则相伴，基恩士在“失去的三十年”间，始终坚持人本主义经营的原则，没有陷入“随波逐流”。

基恩士独特的公司内部管理原则，可归纳为以下三条：

①公司内部的薪酬差距小。

②大力向基层下放权力。

③内部人员间的高度信息共享。

第一条原则最为典型的例子之一，就是基恩士总裁与普通员工之间的薪酬差距。在日本的大企业中，总裁的薪酬通常是普通员工的 15 ～ 20 倍。在美国，超过 200 倍的企业也不在少数。从整体上来看，日本企业的整体差距相对算是比较小的。

而基恩士甚至低于日本的平均水平。例如，2022 年总裁中田有的年薪为 1.88 亿日元，而普通员工的平均年收入为 2 279 万日元（前文也提到过），前者仅为后者的 8.2 倍。与之相比，同行业当中的欧姆龙为 30.4 倍，村田制作所为 16.6 倍。基恩士内部的薪酬差距之小引人注目。

顺便一提，基恩士董事会名誉会长泷崎武光的薪酬从未超过 1 亿日元。日本相关部门要求企业的“年度证券报告”必须公布薪酬超过 1 亿日元的高管名单，而在基恩士“报告”的这一部分当中，一次也没有见到过泷崎武光的名字。

此外，基恩士 2019 年度的“报告”明确表示公司规定高管薪酬的上限为组织负责人（事业部部长等）薪资的 3 倍。

这也就是基恩士总裁薪酬的上限。与其他企业相比，这种薪酬分配规则相当公平。

通常很难衡量将决策权下放到现场的实际情况。表面上看，应该被赋予权力的下属常常以“请教”为名，听取上司的意向，这种“模棱两可”的做法在许多企业中频繁发生，而且往往以不太明显的形式出现。

在查阅关于基恩士经营的各种书籍时，我惊讶地发现，它的一线销售人员会在极短的时间内向客户回复与提出建议。

书中记录了这样一个事例。在客户询问后的第二天或几天内，基恩士的一线销售人员就会提议用特殊规格的样机为客户进行现场演示，而这往往需要相当多的额外工作。它不仅仅意味着销售部门内部讨论的效率非常高，因为需要拿出特殊规格的样机，所以还涉及协调基恩士的生产和开发部门。如果没有“大力向基层下放权力”，这是绝对不可能实现的。

“向基层下放权力”不仅意味着层级间的平等性，还反映了年轻员工拥有实质性的发言权。上一节我们提到，

基恩士在人才培养方针中写道“让每位员工都发挥主动性……推进公司内部组织的扁平化……构建公平且透明的内部组织等”。基恩士的这种理念在一线实实在在地得到了落实，并获得了相当大的成功。

基恩士内部层级间具有平等性，年轻员工拥有发言权的象征之一就是，基恩士的员工会称事业部部长等部门领导为“责任者”，而不是“部长”。此外，在公司内部，彼此都是以“先生 / 女士”来称呼的。这反映了基恩士管理原则中不喜欢将权威与职务名称结合在一起的态度。

不仅如此，根据藏知弘史的描述，当有需要时，基恩士的一线销售人员会主动要求领导或是开发部门的同事一同外出。这足以证明，基恩士向基层下放的实质性权力相当之大。

基恩士内部人员间的高度信息共享是通过各种机制来实现的。这也是基恩士落实人才培养方针中“信息的开放化”原则的具体表现。

举例来说，基恩士基层负责人信息共享机制的其中之一便是外出报告制度。外出报告全名应叫作外出计划报告书。销售人员在外出拜访客户前，需要就本次拜访的具体目的做详细说明，内容包括：与每个客户商谈的具体商品名称及其使用目的、对优化商品生产的建议以及在客户企业需要了解的具体情况等。

在提交这份报告书时，销售人员必须做 15 ～ 30 分钟的会议说明，单纯提交书面文件无法获得批准盖章（根据藏知弘史的说法）。可见，基恩士的信息共享机制非常完善。

销售人员在得到上司和同事对本次“拜访”的建议后，才会去实际拜访客户。由此，销售人员可以学到上司的经验，上司也了解了一线销售人员的动向。在拜访结束后，拜访记录也需要以文书形式提交，并与相关人员共享，这就又实现了基层与上司之间的信息共享。

普通的销售人员通常每月需要撰写约 50 份外出计划报告书，由此来看基恩士信息共享的量也相当可观。此外，报告书的撰写还促使着销售人员去不断反思与客户洽谈的方式、方法，这也起到了人才培养的作用。藏知弘史将外出计划报告书称为“人才培养的关键”。

销售人员在拜访客户后，若感受到客户的潜在需求，还可以提交需求卡。这是一种由基恩士销售人员向部门负责人和产品开发部门提交的卡片，主要目的是促进销售人员与产品开发人员之间的信息共享。需求卡的提交是 KPI（关键绩效指标）的重要指标，几乎所有销售人员每月都会提交。

为了推动信息的共享，基恩士还创立了“工作场所共享”机制。除此之外，基恩士还有一个人事轮岗的惯例，在任命销售、开发或是项目部负责人之前，需要先让他去其他部门负责人的位置体验。这些机制与惯例都对部门间的信息共享具有重大意义。这意味着基恩士赋予了每个人机会去亲身体验“其他部门的视角”。

藏知弘史提到，基恩士还有类似于需求卡的客户介绍卡，即向其他项目部提供潜在客户信息的卡片。这同样也是 KPI。为了填写客户介绍卡，基恩士的销售人员还必须具备向客户宣传自己负责产品以外其他产品的能力。

这也是一种非常好的内部信息共享机制。为了使得一线员工具备这样的能力，基恩士的各个项目部经常召开产品学习会学习公司其他产品的相关信息。

基恩士的人本主义经营：分散分配

本章我所介绍的，关于基恩士薪酬、权力下放以及信息共享的各种机制，正是日本企业“人本主义经营”成功实践的例子。

人本主义经营是日本的企业系统及其特点，是我一直主张的人本主义企业系统下的企业经营方式。

一般来说，不论哪个国家的企业系统，其特点都可以通过以下三个概念来进行把握：

①企业主权的概念：企业属于谁？

②组织内分配的概念：谁在分担什么？如何进行分配和共享？

③市场交易的概念：在市场中与客户应是什么样的关系？

企业主权的概念是指关于企业究竟属于谁，谁的利益决定了其行动的思考。

组织内分配的概念是指关于在企业组织内各关系方之间如何分配或共享权力、信息，以及资金如何分配的思考。

市场交易的概念则是关于市场中买卖双方之间的交易原则的思考。

这三个本质方面的不同使得日本的企业系统与美国的资本主义企业系统截然不同。尽管两国都是资本主义国家，但各自国家的认知方式、各自社会中概念上的习惯性认识完全不同，将其汇总在表格中，可以得到表 6-1 的结果。

表 6-1 日本式人本主义与美国式资本主义

概念	日本式人本主义	美国式资本主义
企业主权	员工主权为主	股东主权
组织内分配	分散分配	集中分配
市场交易	共同体市场	自由市场

关于员工主权，我已经多次进行了说明。尽管日本的企业多是股份有限公司，股东拥有最终主权，但在日常的经营中，员工实际上位于主权的中心。

在组织内分配方面，日本社会一般认为，权力和资金的分配应在组织内上下层级之间相对平等，而不集中于少数人，即在进行分配时应具有分散性。在信息共享时，日本企业同样呈现出分散性，信息可由许多人共同分享，企业内共享程度较高。而在美国则恰恰相反，阶层越高的人越倾向于集中权力、资金和信息。

在市场交易方面，我们从美国的经济学教科书中就能看到，它们一直强调的是交易对象的自由、参与交易的自由。而在日本一旦交易形成了，那么交易主体通常就会维持与少数交易对象长期持续的交易，这表明在日本交易关系具有共同体性质。然而，自由交易作为最终的经济原则仍然存在，因此共同体市场是日本的一个特点。

下一节，我会详细分析基恩士市场交易模式的特点。实际上，上一节介绍的基恩士“公司内部的管理原则”，就是本节组织内分配的理论。

我在前文提到了基恩士的三个特点（公司内部的薪酬差距小、大力向基层下放权力、内部人员间的高度信息共享），正是分散分配的具体体现。基恩士在分散分配上的实践程度远远超出日本企业的平均水平。

分散分配具有经济合理性的本质在于，通过平等性和信息共享来维持、提高团队的能力。平等分配在维系公司内部稳定方面的贡献显而易见。在此基础上，再加上内部人员间的高度信息共享，就能够大大提高团队的竞争力。

基恩士的人本主义经营：共同体式的市场交易

对基恩士来说，主要的市场交易对象是购买基恩士产品的客户以及供应链中的生产制造商。基恩士属于无工厂的商业模式，因此负责产品实际生产的制造企业对基恩士来说极其重要。

由于基恩士采取的是直销方式，没有代理商环节，因此它与客户的关系非常密切。基恩士一直以来奉行的理念就是，让基恩士产品为客户在生产一线创造出“更大的经济价值”。

基恩士在其经营方针中提出了“要创造附加值”，意思是比起为自身创造附加值，首先要考虑为客户创造出更大的附加值。正是因为有了这样一个共同的目标，在应对客户提出的诉求时，基恩士的所有部门才能够相互协调、快速地行动起来。

基恩士要求自家销售人员能够为客户清楚地说明，使用基恩士的产品会给他们带来怎样的经济效益。只有用明确的数字向客户详细地说明，才能让客户放心购买基恩士的产品。

为了培养这种“能力”，基恩士的销售人员会提前了解客户企业的具体情况，站在客户的立场上为他们找到创造更大经济利益的方案。

例如，在介绍传感器时，基恩士的销售人员不仅仅是说明自家产品超高的性能，还会综合考虑客户在生产一线的使用方式、传感器的安装位置、测量设定的方法、调整的方式等，给出非常详尽的建议。

换句话说，**基恩士与客户关系密切，几乎可以说是一个命运共同体**。在其背后，是基恩士的直销模式和全面的咨询式销售方案。这完全不同于可以随意更换交易对象的自由市场，基恩士与客户的确是一种共同体式的交易关系。

由于这种关系，客户也会给予基恩士充分的信任和期待，相信他们给出的建议。为此，客户会主动说明自己的困扰。这对基恩士来说是非常宝贵的信息。此外，客户只要认为与自己获得的经济价值相匹配，就愿意为基恩士的产品支付高价。

在这种共同体式的交易关系里，常常会发生一些普通交易关系中难以见到的稀奇之事。例如，基恩士的销售人员会详细了解客户企业一些关键位置上的人事异动，并在公司内部共享这些信息。为了能与客户保持长期的良好沟通，基恩士会去维系与这些关键人物的关系，让他们对基恩士产生好感。

再如，基恩士还有一个基本准则，为了不让客户浪费时间，它从不在没有提前知会的情况下做简单的突击拜访。这一准则的具体表现就是外出报告制度，销售人员需事先向领导或销售负责人报告此行的目的，如果未获批准就不能去上门拜访。

基恩士与负责产品生产的合作企业（无工厂的制造委托方）之间，关系同样紧密（此时基恩士是甲方），也属于共同体式的交易。

在普通的交易关系当中，甲方在交付产品详情后，便完全把剩下的事情抛给乙方，而基恩士在下单时则会附上对生产方法的建议。基恩士的一位前生产管理部部长曾说过这样的例子："在建议生产方法时，基恩士会详细到涂胶水的位置。"

他还谈到了基恩士与合作企业关系的本质，从他的话中我们也能听出它们之间是共同体式的关系。

"我们按一年的量来保证采购，短期交货会附加费用，加班费也会照付。我们会严格按照最初的计划下订单，也请你们务必把工作做到位。‘合作伙伴的关系就像夫妻一样’，这是我们常说的一句话。”

像这样的合作企业，基恩士大约有 40 家。正是因为与它们形成了共同体式的交易关系，基恩士才能实现即日交货（原则上，客户的订单会在当天内发货）。

不仅限于基恩士，更广泛地说，共同体式市场交易的经济合理性是很高的。简单来说，在这种交易关系下，合作关系的形成、进度的协调以及共同的产品开发都会变得相对容易。

在普通的市场交易中，卖方和买方之间的利益本质上是对立的（卖方希望高价出售，买方希望低价购买），但在共同体式交易关系中就可以避免这种情况。

综上所述，我们探讨了基恩士人本主义经营（员工主权、分散分配、共同体式交易）的具体内容及其经济合理性。关于它的经济合理性，如果将其提升到更抽象的层面进行总结，可以说，这种合理性的源泉在于建立关系方之间稳定的人际网络。

稳定的人际网络有两个好处。其一，在这个网络中，个人的技能和知识积累变得更容易。其二，人与人之间的信息沟通效率变得更高。

它不仅能够给予员工和合作企业参与的动力，促进相互间的协作，培养长远的视野，还能够助力企业精准关注人与人之间的联系以及社会性的关系，提醒企业重视沟通与信息网络。

正是在基恩士，人本主义经营的经济合理性成为现实。

双重结构并行的困难

但这种人本主义经营的经济合理性是通过插入“夹层”原则来实现的，这一点我们在前文讨论员工主权时已经谈到了。

日本企业的“二层”中，有关于企业主权、分配和市场交易的基本原则。但是，当日本企业试图将其落实到“一层”(基层）时，常常会产生一种扭曲感，从而导致整体系统运作不顺畅。但通过插入“夹层”原则的方式就可以缓和这种扭曲感，即在“二层”原则和“夹层”原则的共同作用下，整个系统就能实现良好的运作。

在日本的企业系统中，“二层”原则即资本至上的原则，而“夹层”原则则是指稳定人际网络的原则。换句话说，日本企业的经营是基于“资本”和“人”的双重结构进行的。

在前文中，我也已经说明了关于主权的双重结构。“二层”是基于出资额的股东主权，“夹层”则是员工主权。

在权力、信息和资金的分散分配上，由于日本企业本身层级组织的特性，它自然也会有将其集中于高层的倾向。但在“以金钱为中心”的“二层”基本原则的基础上，为了缓和“一层”的扭曲感，日本企业插入了分散分配这一“夹层”原则。

在市场交易方面，即在现实的交易关系中，日本企业还是将经济利益最大化的资本原则（市场原则）放在了“二层”。但如果你将这种市场原则落实到一线，就又会产生一种扭曲感。交易会变得难以推进，交易双方会更加容易短视。为了缓解这种扭曲感，必须插入“共同体式交易关系”的夹层原则。

在这种“资本”和“人”的双重结构下，两种原则的确可以做到相互补充，这是它的优势所在。但与此同时，双重结构也给管理带来了复杂性与困难。

困难之一便是，**在双重结构下，可能会发生两个原则的冲突。此时，哪个原则更加重要，经营者就必须做出判断。一旦经营者犹豫不决，就可能导致决策出现空白。**

当两个原则发生冲突，必须当机立断的时候，经营者可能会陷入类似计算机“停止响应”的“思考停滞”状态，这就可能会导致决策延误。

比如说，在企业寻求产业结构变化时，就有可能产生这种决策的空白。企业为了转型就必须要调整自己的雇佣结构，而这时裁员就成了不得不面对的问题。从资本原则的角度出发，企业为了转型而调整雇佣结构进行裁员似乎是理所当然的。然而，根据人际网络的原则，企业必须保障员工的就业。当两个原则发生冲突时，管理层就需要做出艰难的选择。

在这种情况下，选择其中的一个方向行动起来就好，但如果像“布里丹的驴子”[㊀]一样犹豫不决、无所作为的话，最终往往会带来非常负面的影响。

双重结构带来的第二个管理难点是，**追求稳定的人际网络最终会导致公司发展被人际关系所束缚，它容易给员工们带来一种“温柔乡”的幻想**。可以说，在温暖的人际关系中，许多人会抱有一种安于现状的愿望。

这都是双重结构所带来的副作用。而缓解这些副作用的关键就在于“经营者的能力，特别是他们果敢的决策力”。

㊀ 出自布里丹讲的一则寓言：一头饥饿的毛驴站在两捆完全相同的草料中间，可是它却始终犹豫不决，不知道应该先吃哪一捆，结果活活被饿死。——译者注

被人际关系所束缚、安于现状的愿望、思考停滞、决策的空白、温柔乡……经营者必须在必要时果断决策，才能摆脱这些“副作用”，否则整个系统将无法正常运作。

经营者必须具备果敢的魄力，综合考虑“二层”里的资本和“夹层”中的人，才能做出正确的经营选择。

因此，可以说人本主义经营对经营者的要求非常高，这是双重结构下的复杂性所必然带来的。如果企业无法培养出能够应对这种复杂性的管理精英，那么整个系统就有功能失调的风险。

基恩士的经营者，尤其是创始人泷崎武光先生，以严谨的姿态很好地维系了这种“资本”与“人”双重结构下的管理。我认为正因如此，才使得人本主义经营的经济合理性得以实现。

| 第 7 章 |

停止原则的随波逐流，开始大规模投资

坚持原则的基恩士——“野生的梭子鱼”

上一章我们看到了基恩士对经营原则的坚持，这让我想到了曾经听说过的一个“野生梭子鱼”的故事。一条野生的梭子鱼可以唤醒整个鱼群。

在一个水箱里有一群梭子鱼，当人向水箱中投放小鱼饵料时，它们就会立即向小鱼游去，自由地吃食。但如果你在水箱中间横插入一块玻璃板，将梭子鱼群隔在一侧，过一段时间，再在另一侧放入小鱼饵料。

这时，看到玻璃板另一边小鱼饵料的梭子鱼会试图游过去吃，但它们最终只会撞到玻璃板，无法吃到小鱼。在大多数梭子鱼有了“无法吃到饵料”的经历后，就算你移除玻璃板，它们也不会去吃小鱼了。

这是因为它们已习惯性地认为，“我是游不过去的，我是吃不到小鱼的”。这种习惯性的认知就导致了，明明小鱼就在眼前，它们也不会去吃。

那么，如何才能让这些梭子鱼再次吃到小鱼呢？答案是将一条从未有过“无法吃到饵料”经历的野生梭子鱼放入水箱。这条野生梭子鱼发现了小鱼后，自然而然地就会游过去吃。而在看到这一过程后，其他的梭子鱼也会意识到“哦，原来我也是可以吃到的”，于是它们也就会游去吃食了。

正是因为玻璃板的存在，这群梭子鱼在无意识中就忘记了“看到小鱼就去吃”的自然法则，而野生梭子鱼的行为重新唤醒了它们，让它们回忆起了自然法则。

在上一章，我们讲到了“原则的随波逐流”。而现在，这群水箱中的梭子鱼实际上就发生了“原则的随波逐流”（梭子鱼可能会抱怨“别用这么复杂的词语吧”）。反过来，如果企业也是在无意识中就开始了经营原则的随波逐流，那么要恢复到原来的状态，需要什么呢？这则寓言为我们提供了启示。

我想，当很多企业看到一直遵循着随波逐流以前的经营原则并获得成功的企业后，它们或许就会幡然醒悟，停止原则的随波逐流。

基恩士在遵循员工主权经营的同时，也在坚持人本主义的经营理念，正因为对这些原则的坚守，最后才获得了如此巨大的成功。基恩士所发挥的作用就像那条“野生的梭子鱼”一样。

我当然知道，并非所有的企业都能像基恩士那样成功，但如果越来越多的企业能够意识到遵循原则的合理性，意识到这样做会带来高效益，我想原则的随波逐流的情况就会有所好转吧。

在看到了基恩士的实际行动，知道了背后的原理之后，这些企业或许就会明白自己该朝什么方向努力了。与其在重视股票分红和公司治理改革上投入过多，不如进行积极的投资，坚持以员工为中心的经营理念。

为了让日本企业了解到这一点，我在上一章对基恩士的经营进行了剖析。许多日本企业在不知不觉之中陷入了原则的随波逐流，而在我看来，基恩士肩负着唤醒它们的历史使命，就如同一条“野生的梭子鱼”。不过，对基恩士自身而言，这个角色安排或许有些强人所难。

为什么基恩士是这条“野生的梭子鱼”呢？首先它没有原则的随波逐流，在投资方面，也积极开展人才投资和海外投资。作为无工厂模式的企业，基恩士的设备投资并不多，但自次贷危机后，它的海外投资非常积极，12年里，基恩士的海外业务比例从 2011 年的 31.4% 增长到了 2022 年的 62.3%，几乎翻了一番。

此外，基恩士也非常注重培养年轻人才，年轻人通常在入职 5 年内就能独当一面。这表明它在日常工作中投入了大量精力来进行人才培养。

整本书分析到此，对于陷入随波逐流的日本企业，我的两条建议已经非常清楚了。

第一，停止原则的随波逐流；第二，开始大规模投资。这是本章的标题，也是我想表达的核心内容。

停止原则的随波逐流意味着回归员工主权的经营，为此，首先应做的就是纠正过度重视股票分红的态度。用第 3 章分析的术语来说，就是降低附加值分配中的股东分配率，提高现金流中的设备投资分配率。同时，除了设备投资，也应停止对其他投资的限制，即增加设备投资、研发投资、海外投资和人才投资。企业通过各种类型的投资可以获得成长，从而创造出更多的附加值，最终将提升企业价值，而股东也可以通过股价的上涨享受到这些投资带来的回报。

这正是基恩士的经营模式，它通过这样的方式取得了日本第三大市值的成绩，为股东带来了巨大的经济利益。**员工主权经营并不是忽视股东，而是利用以员工为中心的**

经营模式来取得更大的经营效益，最终股东也可以通过股价的上涨受益。

这也正是泡沫经济破裂之前、稳定增长期时日本企业的经营模式。尽管股票分红不高，但日本企业的股东依然能够获得很大的资本收益。

为什么会发生原则的随波逐流

究竟为什么许多日本企业在不经意之间就开始了原则的随波逐流？

如果不搞清楚这个问题，就无法从随波逐流中找到回归的正确路径，即便是停止了随波逐流，也有在未来重蹈覆辙的风险。

在我看来，在泡沫经济破裂后“失去的三十年”里，许多日本企业发生原则的随波逐流背后的原因有三：

①高层中有原则性思考的人很少。

②随波逐流的土壤已经形成。

③外部的压力。

首先我必须指出，在许多日本企业的高层当中，有原则性思考的人很少。或者至少说比起以前，能够进行原则性思考的人变少了。

这里所说的原则性思考，是指从我们所采取的经营实际做法（即实务的制度和行为）出发，追溯到为什么这些做法是必要的、合理的，这种逻辑思考，或者说是从实务的世界中提升至一个抽象层次的思考。

当然在经营实践当中，如果不将所谓的原则落实为具体的制度和行动，也是不行的。仅有原则性思考远远不够。

以下公式便可以将实践与原则连接起来，通过这个公式，我也可以更好地为大家分析优秀企业的经营。

经营方式 = 环境 × 原则

我们把自家企业所处的环境设为 Z，在此基础上，再将我们所认为正确的经营原则设为 α，两者相乘，即能得出与环境所匹配的经营方式 A，即 $A = Z \times \alpha$。

学习他人的成功经验是优化自身经营实践的基础。这里的学习，指的是要深入思考其他企业成功背后的原则。这也是这个公式的内涵。

然而，许多企业往往只是在东施效颦地模仿其他成功企业的具体经营方式。这样一来，由于企业所处的环境各不相同，成功企业的具体经营方式是否合理、是否有效就难说了。

在日本，有一群“美国有效派”，他们是这种东施效颦的典型。因为在美国，经营方式 A 取得了成功，所以他们就认为日本企业也应该采纳同样的经营方式A。

当你问及更具体的理由时，他们给出的解释往往就是“因为在美国行之有效”，因此称他们为“美国有效派”。

如果这时你进一步追问，日本的经营环境与美国不同，它还能有效吗？“美国有效派”便会陷入无法解释的窘境，只好跟你打起太极，“我刚才不是说了吗，它在美国非常有效啊”。

我们应该认真地思考美国企业经营方式背后的经营原则，取其长处，将它的经营原则与自身企业所处的环境情况相结合，从而得出适合自己的经营方式。要做到这一点，就必须具备对经营原则的思考能力。缺乏这种思考能力，就无从得知一家成功企业的经营方式背后有什么样的经营原则。

西冈杏所著的《解剖基恩士》一书中有这样一段很好的表述，如果你结合先前的公式来思考，便更容易理解。西冈杏在强调学习基恩士经营的重要性时，这样说道：

“重要的是模仿的内容。‘直销’‘当天出货’‘将一定比例的营业利润作为奖金发给员工’，这些手段都是我们在‘解剖’基恩士的过程中所看到的，但这些不过也只是基恩士经营的冰山一角。基恩士经营的本质在于设定恰当的目标、完全的可视化以及基于可视化所进行的频繁的改革与落实。

在模仿时不要只是模仿表面的手段，而是应模仿这些手段中所蕴含的‘哲学’。”

这里西冈杏所说的手段，即上面公式中的经营方式。而所谓“哲学”则相当于公式中的原则。将原则与基恩士的环境相乘，你就能发现基恩士经营手段（方式）的合理性。

换句话说，重要的是模仿成功企业的经营原则，而非经营方式。为此，日本企业必须强化原则性思考。基恩士创始人泷崎武光一直以来都在强调经营原则的重要性，这也使得基恩士在上述公式中推导出了十分完美的经营方式，成为业界典范。

西冈杏认为基恩士经营的本质在于“设定恰当的目标和完全的可视化”。而我在分析“基恩士的经营原则”时，则注重的是它的员工主权经营和人本主义。这是两个不同的角度，我想我们两个人的观点都是正确的。

日本企业的高层中有原则性思考的人很少，其背后的原因可能在于，对于多数日本企业来说，经营原则实际上处于一种半隐性的状态，很多企业自身都并未清晰地意识到自己有什么样的经营原则，因此原则性思考就难以成形。

关于“半隐性的经营原则”，一个很好的例子就是第 5 章提到的“夹层”原则。被摆在台面上的只有“二层”原则，但仅靠“二层”原则又难以推动一线工作的展开，因此，就近乎自发地产生了“夹层”原则。

“夹层”原则具有其合理性，在“二层”原则和“夹层”原则双重影响下，日本企业可以选择出与自身所处环境良好匹配的最合适的经营方式，最终使得整个系统有效运行。

原则性思考薄弱的企业高层在环境剧烈变化时，很容易抛弃上述公式，陷入学习“经营方式”的陷阱里。这最终就会导致原则的随波逐流。

原则的随波逐流不仅限于员工主权，还有可能发生在许多领域。比如，若企业对投资未来的必要性理解薄弱，那就可能导致投资必要性原理的随波逐流；投资动机的根源在于凯恩斯所说的动物精神，而如果从这里随波逐流，可能就会导致企业倾向于选择确定性更高的投资项目……类似的随波逐流不胜枚举。

优秀的经营者们经常强调经营理念和经营哲学的重要性，这正是因为只有具备了很强的原则性思考能力、对经营原则进行深入思考的人才能够构思出合理的经营方式。

造成原则随波逐流的土壤和压力

接下来，我们来看看原则随波逐流的土壤。

在“失去的三十年”这样的历史大背景下，很容易产生导致原则随波逐流的心理土壤。它使得日本企业的管理层对自身经营的合理性产生了怀疑，从而引起了心理上的畏缩。

这样的土壤源自 1991 年泡沫经济破裂和 2008 年次贷危机，特别是泡沫经济破裂所引起的企业家们心理上的畏缩。

在这两次危机中，由于日本企业的经营模式收效甚微，它们便开始陷入了深深的“自我怀疑”当中。对此，我在第 1 章已经谈了很多。

泡沫经济破裂带来了特别深远的影响。泡沫经济破裂导致了日本金融体系的功能失调，之后的次贷危机则使全球金融体系遭受重创，经过了这两次危机的日本企业将金融危机的创伤深深烙印在了心理土壤中，这就导致了它们对于资本市场的反应越来越敏感，进而造成日本企业对股份制公司原理愈加重视，最终形成了员工主权随波逐流的土壤。

从这一方面来看，日本企业的管理层是值得同情的。在这样的土壤中，坚守自身的经营原则绝非易事。自我怀疑可能转变为对自身原则的怀疑，甚至会让人在不经意之间抛弃旧有的原则，寻求新的理论。你可以说这是丧失了信心，也可以视其为心理上的畏缩。

除了“内部”的土壤，自2000年起，来自“外部”的压力也开始咄咄逼人，敦促日本企业改变自身的经营原则。这种来自“外部”的压力也是日本企业开始原则随波逐流的重要原因之一，尤其是在次贷危机之后，这种压力更为明显。

压力之一来自国内媒体频繁的、肤浅的批评。很少有国家的媒体会像日本媒体那样，对本国企业如此大加指责。另一个压力则是来自美国对日本的干涉。美国政府或是美系的机构投资者对日本企业管理的要求越来越多。

看看平成时代日本媒体对丰田和日产的报道，我们就能了解外部的压力如何导致日本企业的原则随波逐流了。

2000年，一本歌颂戈恩日产改革的书横空出世，给日式经营贴上了“无能”的标签。同年，《日经商业周刊》大幅报道了丰田，称其为“日式经营的最后堡垒”，其中大量暗含了对美国式经营的赞美，以及对日式经营不入流的嘲讽。

我出版的《日本激荡三十年：平成企业1989—2019》一书中专门用一章的篇幅分析了丰田和日产在平成时代的经营方式，结论是“丰田的经营更为优秀”。在这一章中，我这样写道：

“在本章，我用传承危机的经营、血盟共同体的经营、咀嚼异物的经营、合理妄想狂的经营和人守人活的经营总结了丰田‘日式经营’的特征。我还将丰田的经营模式与当时所谓全球标准化的经营模式做对比，将其总结为‘三河式与华尔街式的对抗’‘迟钝与速度的对抗’‘金太郎糖式经营[㊀]与明星经营的对抗’‘低薪酬加稳定的雇佣体系与高薪酬加不稳定的雇佣体系的对抗’。”

在这一章的最后，总编辑留下了一段“旁白”，他对丰田接下来 20 年的发展有这样的预想：

“丰田这家公司给人一种怀旧的感觉。它没有在泡沫经济中盲目出头，也没有在泡沫破裂后失去信心。由此，它成功地躲开了日本‘失落的十年’……丰田能否在全球范围内延续（日式经营），可能将决定 21 世纪日本的未来。”

这家令人“怀旧”的公司——丰田，在 2008 年成为全球销量第一的汽车制造商。在次贷危机中，美国的通用汽车受到了巨大打击，而丰田则继续一骑绝尘，直至 2016 年德国大众才威胁到其世界第一的地位。丰田在全球市场上确实得到了认可。（拙著《日本激荡三十年：平成企业 1989—2019》）

㊀ 金太郎糖是一种无论切哪里都能看到相同金太郎图案的糖果，在这里指“无论到哪里都能体现出公司的特色”。——译者注

丰田在国际业务拓展方面投入很大，同时它也很重视在日本的生产，积极进行国内投资。丰田是一家严格遵守日式经营原则（人本主义经营）的企业。

它重视生产技术、维护雇佣体系的稳定、注重包括销售在内的每一个基层一线的细节。丰田与上下游企业的关系既严格，又兼具命运共同体性质，这与上一章提到的基恩士的经营原则十分相似。

接下来，我们来看看第二个压力，即来自美国的干预。特别是在泡沫经济破裂后的这三十年里，美国对日本影响巨大。

比如说，在泡沫经济前夕，日美政府间签订了半导体协定，这直接致使日本半导体企业开始限制投资，这一点在第 4 章已有解释。此外，1989 年的日美结构协议会迫使日本推出了扩大内需、放宽金融限制的政策，这最后成为金融泡沫扩大的原因之一。1989 年的日美结构协议会也是日本异质论开始传播的契机之一，这在第 1 章也有所提及。

在泡沫经济破裂后，为重建日本的金融系统，日本政府采取了金融大爆炸（1996 ～ 2001 年允许银行与证券兼营的金融产业大改革）的策略，这基本上就是在模仿美国的金融产业重组。在那之后，日本银行的存在感迅速下降，我们也已在第 3 章讨论过这一事件。

2014 年起，政府主导的公司治理改革又来了，它其实也是美国机构投资者、投机者施压的结果，其中甚至可能还有来自美国政府的干预。在制定《日本公司治理准则》的过程中，美国的影响愈加明显，在其背后还有美国咨询公司的兴风作浪。

可以说，日本企业面对来自美国的各种干预和压力显得相当脆弱。日本企业给我留下的印象就是，对美国的施压反应极其敏感。

日本企业缺乏抵御美国压力的力量，一个重要原因是许多日本人心中仍存在对美国的自卑感。当面对来自“大哥”美国的要求时，日本人常常会产生“听话会更好”的想法。

这种自卑感或许是二战日本战败带来的。但在日本高速成长的过程中，这种自卑感有所减弱。20 世纪 80 年代，日式经营也曾受到推崇，美国也出现过“日本第一”的说法，在这一时期，日本人的自卑感可能有所减弱。

但在次贷危机中美国又展现出了强大的实力，这使得许多日本企业的管理层意识到，我们在金融领域根本无法与美国抗衡。

“在经营财务领域，遵循美国理论或许更为明智”的声音悄然而生。由此，日本企业在应对资本市场时，不由自主地会对来自美国的声音更为关注，这就进一步加深了自卑感。

进入互联网时代，美国的数字化优势更加显著。日本在这一领域明显处于劣势，几乎没有与美国抗衡的能力。我们在第2章也分析过了，两国巨大的人才差距是其根本原因之一。此外，许多日本人对国际通用语言英语也存在自卑感，“日本难以与美国匹敌”的想法由此更加强烈。

本节我对日本企业原则的随波逐流的土壤和来自外部的压力进行了说明。我并不是在为日本企业原则的随波逐流开脱。但在经营者缺乏坚定的原则和信念的情况下，随波逐流确实存在着一定的无奈。这就是心理土壤和外部压力的影响。

我希望能有更多的经营者能够战胜这样的土壤、战胜外部的压力，重新审视自身的经营原理。我想让他们听到，我发自内心的加油声。

将限制投资扭转为优势

那么，日本企业具体应该做些什么，才能停止原则的随波逐流呢？那就是重新采取以成长为目标的经营方式。为此，日本企业必须改变以往限制投资的态度，在未来加大投资力度。

从某种意义上讲，正是多亏了之前的限制投资，现在日本企业的内部一定积累了很多未启动的投资项目。因为经历了如此长时间的限制投资，高层出于“节省投资资金”的目的，一定削减掉了很多投资项目。

换言之，现在日本企业可以重新盘活这些因限制投资而被搁置的项目，向这些项目注入资金。它涉及设备、研发、海外扩张、人才、数字等各个领域，具体的优先顺序可以根据企业的具体情况而定。

因此，实际上企业内部很可能能够挖掘出相当多的投资资金。正如第 3 章所分析的那样，比较自次贷危机以来大企业和中小企业的资金分配，我们看到大企业更倾向于增加股票分红、限制设备投资，而中小企业的股票分红增长缓慢，更多的还是在积极地进行设备投资、积累内部留存。从这一点来看，大企业可以减少股票分红分配，中小企业则可以降低内部留存，从而挤出投资资金的空间。

首先，对于那些近年来急剧提升股票分红（股东分配率）的大企业来说，它们可以通过降低股东分配率，来获得相当多的投资资金。以 2021 年度日本大企业的数据为例，这一年度其实际股东分配率上升到了 21.8%，如果将其降低 5%，减少到约 16% 的话，那么大企业整体的股票分红额将减少约 5.1 万亿日元（2021 年日本大企业的附加值约为 102 万亿日元），这样一来就匀出了投资资金。这部分资金足以使同年大企业的设备投资额（21.17 万亿日元）增加 24%。

进一步假设，如果 2021 年日本大企业的股东分配率降至 2011 年的水平（10.2%），即减少 11.6% 的话，由此增加的投资资金将达到约 11.8 万亿日元。如果将这笔资金全部用于设备投资，那么日本大企业的设备投资额将增加 55%。

对于日本的中小企业来说，股东分配率可削减的空间并不大。从图 3-6 可以看到，2021 年日本中小企业股东分配率仅为 3.9%。中小企业自 2001 年以来，一直在提高内部的企业分配率（内部留存）。这是由于银行变得不再可靠，它们只好开始提高自有资本的比例。

2021 年，日本中小企业的企业分配率为 7.3%，与 21 世纪第一个十年里不到 2% 的水平相比，增幅相当大。如果日本中小企业愿意将企业分配率从 7.3% 降低至约 4%，那么由此挤出的资金大约有 6.5 万亿日元（这一年日本中小企业附加值总额 198 万亿日元的 3.3%）。假设将这笔资金全部用于当年的设备投资，那么其设备投资额（23.6 万亿日元）将增加 27%，这是相当可观的投资增长。

因为数据比较清楚，所以这里我以设备投资为例向大家进行了说明。考虑到日本企业未来的发展方向，或许还是海外投资和人才投资这两个领域的优先级更高。

为了不过度依赖逐渐萎缩的国内市场，扩大海外投资积极争取海外需求非常重要。特别是对于那些尚未开始关注海外市场的日本中小企业来说，应把海外投资放在首位。

当然，要寻求海外扩张，就必须直面人才不足的问题。日本企业可以有意识地去“通过开展实地训练来培养人才”，这虽然有一种赶鸭子上架的感觉，但从长远来看是可取的。这种办法不仅适用于中小企业，对日本大企业的海外扩张来说亦是如此。实际上，在日本经济的高速增长期，这曾是日本企业培养海外扩张人才的主要路径。

在扩大海外投资时需要注意的是，不要陷入“为了扩张而扩张”的陷阱当中，许多日本企业可能会为了“确保在海外的地位”而盲目收购海外企业。这样的收购有可能毫无意义，甚至有失败的风险。事实上，日本企业在海外收购中的失败案例不在少数，我自己也见过很多。

失败的原因主要有二。其一是错误地评估了收购项目，导致了低质量的收购。其二是被收购企业对日式经营（日本总部的管理模式）水土不服。即使是收购了优质企业，后续发展也可能不顺利。甚至有被收购后，当地企业大量人才流失的情况发生。

日本企业难以对当地企业进行有效管理，再加上语言等问题，管理起来就更加困难。

因此对日本企业来说，与其收购，不如稳扎稳打地进行扩张投资（也就是在海外尚未开发的地区进行绿地投资），虽然此类投资时间周期较长，但成功率会更高。就比如前文提到的丰田就是一家积极进行海外投资的企业，它在海外投资时的基本模式便是绿地投资。基恩士的海外扩张同样如此。

人才投资也应被放在优先位置。如第 2 章所提到的，自次贷危机以来，日本企业几乎没有对人才投资加大过投资力度，甚至可以说是相当的不充分。员工的能力是企业成长的动力，人才投资必须被摆在优先的位置。

人才投资所带来的员工能力的提升不仅直接关系到企业的业务扩张，还能提高员工的满意度，增强他们的工作积极性。员工会有更强的意愿为企业的成长做贡献，离职动机也会相应减少。

我还想强调的是，除了培训、研修等方式，设备投资、研发投资、海外投资等各种形式的投资也会给人才的培养带来积极影响。由此看来，扩大投资规模极为关键。接下来的一节，我将深入探讨这一点。

通过扩大投资激活人才逻辑

第 4 章讨论人才逻辑下限制投资的负面影响时，我谈到了投资实际上会在三个方面（培养能力、激发心理积极性、增强意识与拓展视野）给公司员工带来无形的积极影响。

“以上三种无形的积极影响正是来源于企业的投资。而如果企业限制投资，不仅难以提升员工的能力，也难以提升员工积极性，员工的意识无法得到增强，视野也无法得到拓展。

其结果便是由于限制投资，人才无法得到有效的培养，员工的积极性下降，进而陷入“因为缺乏人才，无法进行下一轮投资”的恶性循环。”

我称之为“人才逻辑”对投资的影响。然而，当企业扩大投资时，此时“人才逻辑”便会逆向发挥出积极的作用。在企业积极扩大投资的情况下，员工会因各种各样新的挑战而获得锻炼的机会，心理积极性也会有所提高。同时，企业进行大规模的投资还将有助于员工增强意识和拓展视野。

投资之所以重要，不仅是因为它能带来金钱上的回报，更为关键的是，投资可以使得“人才逻辑”发挥作用，帮助企业锻炼、培养员工。

从限制投资到扩大投资是一个巨大的转变。对此，许多企业肯定还是会保持谨慎。在限制投资的时期，企业对风险异常敏感，它们会认为现在的一些投资项目“风险还是太大了”。但企业并不是对扩大投资犹豫，只是它们还未完全认识到扩大投资所带来的好处。

“稍微冒险一点”的投资就有可能在企业中更好地激活人才逻辑。

我将这种“稍微冒险一点”的商业投资与公司发展战略称为“充分伸展战略”（踮踮脚尖战略）。这是许多成功的企业在成长发展时期都采取过的战略。在开始一项投资之前，企业可能就意识到了自己的实力存在不足，要完成投资肯定会有困难，但它们还是会选择继续，因此这种战略又被叫作“踮踮脚尖战略”。

“踮脚尖”可以在两个层面激活人才逻辑，人才能够在一线得到锻炼与成长。员工能力的提升往往还会在其他领域回馈企业，成为企业未来活力的源泉。

第一个层面，由于“稍微冒险一点”的投资比以往的投资风险都要大，所以**在一线落实投资的员工们心理压力将会很大，这就能调动起他们的心理积极性，时刻保持对细节的关注**。换句话说，高风险投资所带来的紧张感，使得员工们必须付出更多，这就能够更好地让人才逻辑发挥作用。

第二个层面，在实力不足的情况下继续投资意味着一线的员工不得不解决一些从未面临过的未知问题。就比如说，学习一些新的技术或是接触一些以往不太熟悉的客户群体等。

为了解决从未面临过的未知问题就必须学习新东西，**不学习就会在竞争中失败。由此来看，“踮脚尖”还能让员工学到新知识，人才逻辑又将带来积极作用**。

我在前文中提到过，与收购相比，企业在进行海外投资时，从长远来看绿地投资是最为理想的方式，其原因也可以通过“人才逻辑”来解释。收购往往会削弱企业内部人才逻辑的积极作用。日本企业会把当地事务全权委托给被收购企业，这样一来，刚才所说的紧张感和学习效果便无从产生了，由此企业在人才培养的数量和质量上都会受到限制。

然而，以绿地投资的方式进行海外扩张的话，日本企业就能围绕着外派员工与国内的关联部门（例如母工厂），激活人才逻辑的积极作用，最后真正实现对海外扩张人才的培养。

在过去 30 年里，日本企业持续性地对各种类型的投资进行了限制。在这期间，不仅难见人才逻辑的积极影响，企业成长的潜力甚至还在不断枯竭，这令我忧心忡忡。限制投资不仅直接导致企业错失了成长的机会，还间接地扼杀了企业的成长潜力（员工的能力与心理积极性）。

实际上从长远来看，这种间接的负面影响后果更加严重。若企业的成长潜力枯竭，未来即便出现成长机会，企业抓住机会的能力也会大不如前，最终结果就是成长机会被其他公司抢走。

数字投资的目标是与传统相结合

第 2 章讨论日本企业的限制投资时，我最后提到了日本数字人才投资领域的落后。在这一方面，日本与世界顶尖的企业相差甚远，这使得日本企业在互联网领域几乎很难具有国际竞争力。这样的结果可以说是逻辑上的必然。

那么，日本企业是否就只好完全放弃在数字领域的国际竞争呢？

我并不这样认为。利用好日本的产业特性与日本民族的特点，日本企业仍然能够进行具有日本企业特色的数字投资，并在数字领域取得不错的成就。

换句话说，由于过去对数字人才培养的忽视，现在重新开始培养计算机科学人才为时已晚，但对于日本企业来说，仍然还有许多在数字领域谋生的机会。这就要利用日本的优势，实施“数字与传统相结合”的战略。这可能是日本企业未来扩大投资的重要领域。

在这种战略下，日本企业有两个战场：

- 决战基于模拟基础的数字系统。
- 决战最后一英尺。

基于模拟基础的数字系统是指将模拟的熟练技术转化为数字技术，并以此为核心构建大型数字系统。

例如，利用激光光束进行金属切削与加工的工序，将这一技术数字化的过程非常有趣。激光光束的散射会因空气湿度的变化而有细微的改变，这会影响到激光的切割效果。而优秀的工匠则会根据当天的天气，微调切削时送入冷却气流的流量和方向，以保持切刀的锋利度，从而提高切削的精度并减少材料的浪费。

如果能教会 AI 计算机这种传统工艺，那自动化的机械就能代替工匠进行切削。基于传统工艺，开发出数字切削加工技术，最终形成一个能够全自动 24 小时运作的“数字系统”。

在这个战场上，日本企业大有可为，在国际上也可能具备相当的竞争优势。日本高水平的传统工艺使其成为可能，且工艺水平越高，AI 学习的效果就越好，最终的数字工艺也就越完美。

接下来，我们再来谈谈第二个战场——决战最后一英尺。

在制造业的很多环节、服务业的几乎所有环节当中，最后的工作都是由人来完成的。服务行业就不用多解释了，制造业中也有很多半自动化的生产系统需要由人辅助完成。同时，制造出的产品的最终销售也需要由人来负责。

数字系统在最后一步之前提供支持，而最后一步则由人来完成，数字与人的良好配合可以提高工作效率，最终为顾客带来价值。我将这**最后的一点努力与数字系统之间的短距离称为“最后一英尺”**。这最后一步正是日本企业可以大展身手的又一个战场。

以服务业为例，现在有很多日本企业已经开始在各地尝试“服务的数字化”，即“最后一英尺”的数字化。

服务的数字化可以分为两种类型：一种是服务本身的数字化，另一种则是为服务提供数字化支持。

前者是指数字系统直接承担起服务顾客的部分责任；后者则是指人借助数字系统为顾客提供更高质量的服务，即间接的服务数字化。

以超市为例，服务本身的数字化即系统基于观察到的顾客行为，直接为顾客提供满足其需求的产品和建议。系统可以通过店内摄像头等设备观察顾客行为，从而分析出每位顾客的需求和偏好。

间接的服务数字化则是指接待、咨询以及推销等工作还是由人来负责（最后还是由人来服务），但人员的安排可交由数字技术来完成，这样就节省了人力资源。除此之外，收银、订货、确定商品的摆放位置等工作都可交由数字技术来完成，而节省下的人力成本就可以用于升级接待服务。

我认为，在“最后一英尺”的战场中，日本企业可以在国际上获得竞争优势。这是因为日本社会本身就有周到、细致的文化传统。

这种周到、细致的文化传统具体来说就是两类人才。

第一，在“最后一英尺”接到由 IT 传来的交接棒后能够为顾客用心服务的人才。用超市的例子来讲，就是能够为顾客提供“情绪价值”的服务人才。

第二，能够为数字系统（AI）提供学习材料的优秀技术人才。结合当天的天气情况调整合适的切割机参数；在超市里收银、订货、确定商品的摆放位置……做好这些工作需要有经验的积累，日本则不乏能够为机器提供这些经验的人才。

我想，这两种“数字与传统相结合”的战略所适用的产业领域，在全球的需求市场上的规模足够大，因此足以让日本的数字相关产业占有一席之地。

而在这一领域占据优势，就能为振兴日本的产业提供一臂之力。当然，**数字平台等可能是数字产业的主要需求，但日本在这方面大幅落后，因此利用日本的特长将利基领域作为立足点进行竞争，才是明智的“弱者战略”**。

|终　章|

忘了歌唱的金丝雀

日本企业遗忘的乐章

一首日本童谣的第一句是“忘记了歌唱的金丝雀啊”。很多人可能对这首歌并不陌生。那只金丝雀的形象，实际上与如今的日本企业有着很多相似之处。《金丝雀》的第一段歌词这样唱道：

忘记了歌唱的金丝雀啊

把它丢弃在后头的山里吧

不行，不行，那样万万不行

日本企业遗忘的乐章，就是员工主权的经营原则和对投资重要性的认识（以及投资对人才逻辑的激活作用）。下面我想用非常简洁的方式总结一下，日本企业是如何逐渐“忘记歌唱”的。

首先，泡沫经济的崩溃导致了企业心理上的畏惧，企业开始不愿投资，进而又对自身的经营原则产生了怀疑。缺乏投资使得人才无法成长，整个组织的心理积极性也随之下降，人才逻辑难以发挥作用。再加之外部的压力，对于自己曾经的经营原则日本企业越来越失去信心，于是陷入原则的随波逐流。其结果就是，日本企业越来越不愿意投资，心理上的畏惧和原则的随波逐流就愈演愈烈。

那么，怎样才能让它们重新记起被遗忘的乐章呢？在上一章，我讲了一个小故事——野生梭子鱼的故事。当水箱里无精打采的梭子鱼亲眼看到野生梭子鱼游过去吃饵料后，它们就能回忆起与生俱来的自然法则。

《金丝雀》这首歌中也有很多颇具启示性的话语。后面的歌词如下：

忘记了歌唱的金丝雀啊
把它埋在后院的灌木丛中吧
不行，不行，那样万万不行

忘记了歌唱的金丝雀啊
用纤纤柳枝抽打它吧
不行，不行，那样太可怜

忘记了歌唱的金丝雀啊

若停在象牙船和白银的桨上

浮在月夜的大海上

那忘却了的歌会被记起

把金丝雀丢弃在后山、埋在灌木丛里、用柳枝抽打，这些都是万万不可取的。它只有在月夜的象牙船上，才能想起从前的歌声。歌词有一种打动人心的力量。

对于忘记了乐章的日本企业或是日本企业的经营者们，抛弃、埋葬、鞭打都是“万万不行”的，“那样太可怜”了。能够渡过难关存活下来的企业与那些为了企业殚精竭虑、废寝忘食的经营者们都不容易。找到月夜的象牙船，才是让他们回想起以往乐章最好的办法。

忘记自然行为的梭子鱼在亲眼看到野生梭子鱼吃到饵料后，就能重新意识到“自我”，回想起与生俱来的自然行为。同样，在月夜的象牙船上，金丝雀才能够找到曾经的“自我”，记起从前的歌声。因此，认识到“自我”非常重要。如果没有这样的“自我认知”，就无法内化，即便是想起了过去的乐章也难以持久。

那么，什么是“象牙船”，什么是“银桨”，又该去哪里寻得“月夜的大海”呢？它的答案可能因企业而异，并不唯一。

关键在于，我们现在要做的不是去责怪经营者，而应该主动地创造一个能够让日本企业回忆起从前的良好环境。有了这样的良好环境，日本企业就可能重拾曾经的经营原则，回忆起被遗忘的华美乐章。

那么，“象牙船”“银桨”到底是什么呢？怎样才能“浮在月夜的大海上”呢？接下来，我就简单谈谈我的看法。

首先，来看“象牙船”。

因为是用“象牙”这么昂贵的材料做的船，所以我想这艘船必须是一艘能实现巨大成长和做出巨大社会贡献的船，这样才名副其实。它的具体形态因企业而异，但必须具备的共同点就是，经营者要志存高远。而经营者要志存高远，一些基础条件是必不可少的。

这些基础条件具体来说，就是企业为进行大规模投资的资金筹措能力。第 1 章提到，日本大企业平均的自有资本比例接近 40%。如果企业有决心将自有资本用于投资，或愿意稍微降低自有资本比例，通过负债融资，40% 完全有操作空间。同时，日本低利率的金融环境也可以给负债融资助一臂之力，企业以很小的利息负担就可以换得大量的资金。

当然，优秀人才也是企业进行大规模投资的重要条件。为此，以“优先投资”的态度来激活人才成长的“人才逻辑”也至关重要。

“银桨”则是指控制船航向与速度的工具。日本企业需要怎样的工具才能停止员工主权的随波逐流？这也是本书讨论的中心问题之一，从随波逐流中停下来需要“银桨”。为了保障员工主权，企业需要付出怎样的“努力”？关于这个问题，我们将在下一节详细讨论。

为了能让日本企业回归员工主权经营，进行大规模投资，最终取得丰厚的成果，“月夜的大海”也至关重要。“月夜的大海”即日本企业的环境条件。具体而言，所有的日本企业都将共享日本的巨大潜力。日本企业正置身于一个潜力极大的社会当中。关于这一点，我会在后文详述。

建立对员工主权的保障机制

鉴于当下日本企业员工主权的随波逐流，我认为有必要对公司法中规定的股东主权加以某种形式的限制，修改并完善股份制公司制度。

当然，正如我一贯强调的，股东主权制度非常重要，但股东实际上只是出资者。因此，社会需要提供某种“制度性保障”，以防止股东原则主义的失控，保证员工主权经营的顺利实施。对员工主权的制度性“保障”至关重要，同时它也意味着社会对员工主权原则的认可。

在第 5 章我曾指出，企业既是资金的集合，也是人的集合。但现行的股份制公司制度本质上与企业的这种双重性互相矛盾。而正确认识员工主权“制度性保障”的必要性，实际上就是在直面这种矛盾。

如前所述，公司法并不是在衡量了人和资本的重要性后，才赋予了股东独一无二的治理权。它只是保证了提供“不逃跑资金”（承诺不会从企业撤回的权益资本）的股东相对于提供“逃跑资金”（以偿还为前提）的债权人来说处于优先地位，明确了资金集合里的权力关系。

现有公司法只是从资金集合的角度规定了企业的治理权力，而忽视了人的集合这一角度。

由此衍生出的问题就是，员工（特别是那些效力于企业的核心员工）的意志不能有效传达到企业的管理层。这不免让人质疑：这样是否有利于企业的长期健康发展？

换句话说，**尽管企业的“本质”之一就是“人和资金的双重性”，但在规定公司治理权力时，公司法却忽视了这种双重性。这一矛盾可以说是股份制公司制度所固有的根本矛盾。**

自 2022 年以来，日本企业对人力资本经营的关注迅速上升。我认为，这种关注的真正意义就在于它能够促使日本企业注意到股份制公司制度的根本矛盾。实际上，日本企业对人力资本经营的关注，或许是因为近年来日本上市公司在重视股东、提高股票分红方面做得有些过头，日本社会，特别是日本大企业的管理层对此产生了警觉。日本企业重视股东、轻视员工的动向越来越引人担忧。

从我个人的所见所闻来看，最近上市公司的管理层对这一类问题的讨论确实越来越多。他们以前可能只是无奈地表示“IR（投资关系）太烦人了，没办法只好加强对股东的重视”，但最近态度都转变为“感觉真的有点过头了”。

在欧美，他们解决这一根本矛盾的工具是“利益相关者资本主义”。它强调，企业活动的目的不仅是股东的利益，还包括为多样化的利益相关者做出贡献。无须多言，员工当然也是利益相关者的一部分。

不过，人力资本经营和利益相关者资本主义都未能深入到为员工主权提供制度性保障的层面。对传统的人事管理进行升级，通过对人力资源这一无形的资产进行测算以实现人才的培养……人力资本经营往往强调的只是这些相对细枝末节的技术性问题。

而在利益相关者资本主义中，那些真心为多方利益相关者考虑的经营者，又会因未充分考虑到股东利益，最终被股东主权所葬送。

2021 年，法国大型乳制品制造商达能的 CEO 就因为激进投资者的压力被迫辞职，这正是一个例子。达能的 CEO 曾被称为“利益相关者资本主义”的旗手（详细内容可见我的拙著《经营学是什么》）。

由此看来，鼓励员工参与治理主权的各种制度性设计就显得尤为重要。

例如，可以引入员工持股会制度并对员工持股进行企业补助。在第 6 章，我介绍了关于这方面的内容。

此外还有类别股制度，允许工作年限超过 X 年的员工持股投票权比普通股东的投票权增加 Y%。举一个极端的例子，美国大型 IT 平台公司谷歌创始人的持股投票权就是普通股的十倍。

如果将创始人视为“在核心员工中具有压倒性地位的人”，这实际上也的确是确保员工主权的一种手段。纽约证券交易所对此予以认可。

但比起国际同行，日本证券交易所在股东公平原则上的坚持就显得有些太极端了。一些专家分析道，有很多海外机构投资者、投机者对此感到不满。日本证券交易所必须重新对员工持股的投票权进行考虑，提供“确保员工主权的制度性保障”。

在现行的公司法框架内有部分承认员工主权的制度性设计，即高层对总裁的信任投票制度。在这一制度还未成为法律时，我就在《日本式公司治理》一书中建言过。在该制度下，与总裁日常接触频繁的高层经营者每年会进行一次无记名的信任投票。

投票结果不会公开，只有董事提名咨询委员会（近来许多上市公司都有设立）能够知晓。如果不信任票超过一定比例（例如 20%），则董事提名咨询委员会就会去调查不信任的主要原因。

这一制度可以看作员工（高层经营者）对总裁的制衡机制。它既可以限制总裁的独裁、督促总裁极力避免丑闻，也可以迫使总裁不得不重视员工主权。

在 2015 年的会计丑闻后，东芝进行了管理的重组，它就采用了这种信任投票制度。2021 年，东芝当时的总裁突然辞职。据媒体报道称，原因之一就是不信任票的比例过高。

此外，如果总裁得到了绝大多数高层经营者的信任，信任投票制度也会是对股东原则主义的牵制。就比如说，在总裁获得了多数信任的情况下，董事会重新任命总裁的提案就显得“不合道理”了。

制定这种制度性保障的前提，当然是德国那样的全面的公司法改革（第 5 章有所讨论）。

对此，在《日本式公司治理》一书中，我已经提出了我的构想。其核心就是建立由经营者组成的董事会、员工大会、股东大会和企业大会（由员工、股东和经营者代表组成的最高决策机构）四个机构，各自承担不同的任务。

日本的巨大潜力：高质量的社会

日本经济未来确实在老龄化和社会保障等方面有不稳定因素，但也不必过于悲观。对日本企业而言，日本仍具备航行在“月夜的大海上”的基本条件。

日本具有巨大的潜力。简单来说，这种潜力表现在社会和经济的“质量”之高。当然，日本不是十全十美的，但我们应当以积极的态度来看待它。信心的恢复非常重要，只有这样才能摆脱“失去的三十年”所带来的心理上的创伤。

我想强调的是，**日本社会的高质量体现在许多人愿意**

对他人额外关照，日本人普遍认为“周到、细致”是理所当然的。

用英语来说就是，“One extra consideration to others, one extra action for details”（多一分为他人着想，多一分注重细节）。这种现象在日本社会的各个角落都能看到，是日本的一大特征。日本社会的高质量，造就了日本的巨大潜力。

日本在应对新冠病毒感染方面取得的成功，正是这种潜力的一个旁证。可以说，日本是世界上疫情防控最成功的国家之一。如表 E-1 所示，与其他发达国家相比，日本的表现尤为突出。

表 E-1 感染新冠病毒的每百万人口累计死亡人数

日期＼国家	日本	美国	英国	德国
2021 年 4 月 18 日	76	1 747	1 867	959
2022 年 4 月 18 日	191	2 931	2 361	1 427
2023 年 5 月 8 日	594	3 472	3 261	2 064

2023 年 5 月，日本将新冠病毒下调为“第 5 类”传染病。根据此前的数据显示，在日本，感染新冠病毒每百万人的死亡人数仅为美国的 17%、英国的 18% 和德国的 29%，差距非常明显。特别是在 2021 年和 2022 年，日本的表现更为突出。

我认为，日本能够如此成功地应对疫情，主要归功于日本人的行为模式。日本民众的卫生意识非常高，对政府提出的“请进行自我约束”的要求也非常认同。这才是日本在疫情防控方面表现优异的最大原因。

疫情期间，日本政府的政策滞后、行动迟缓，令人失望。但就是靠着日本国民的努力，取得了“奇迹般的成功”。

关于公共卫生意识，许多日本人在观看与新冠疫情相关的报道时可能都会不解，为什么在欧美地区，大家没有洗手和戴口罩的习惯？

除此之外，在没有惩罚措施的前提下，日本民众对政府提出的“请进行自我约束”的要求大多表示认同，这一点也十分令人费解。与西方通过行政命令来要求市民服从疫情防控不同，日本政府只是要求民众“进行自我约束”。

它反映出的是日本社会普遍认同的“共同体道德规则”。

不论是极高的公众卫生意识，还是民众对政府提出的自我约束要求的认同，其背后其实是共同的社会基础。

以公共卫生为例，日本民众觉得自觉佩戴口罩、勤洗手，都是为了他人着想。特别是在疫情期间，为了不把病毒传染给他人，人们会不嫌麻烦，认认真真地洗手，用酒精消毒。

为何会认同政府提出的“请进行自我约束”的要求？是因为日本社会本身具有“共同体道德规则”，有着“为他人考虑”的道德标准。因此，当听到“大家一定要避免三密[一]”时，几乎所有人都会“为他人着想”而采取行动。

因为外出必然会增加人与人之间的接触，所以许多日本人绞尽脑汁会想出各种方法来享受“自主隔离的时间”。

这些都是日本社会“周到、细致”地为他人考虑的具体体现。日本人认同政府“请进行自我约束”的要求也源于这种“周到、细致”地为他人考虑的文化传统。

实际上，日本人这种无意识中的“周到、细致”不仅在疫情防控中起到了作用，在生产一线也具有重要意义。生产一线同样受益于日本的这种社会基础。

在工厂生产的过程当中，员工们“周到、细致”的付出保证了产品的质量，减少了浪费。日本企业在海外推广的5S（整理（Seiri）、整顿（Seiton）、清扫（Seiso）、

[一] 指通风不良的密闭空间、人员密集的场所和与人亲密接触。——译者注

清洁（Seiketsu）、素养（Shitsuke））正是这种“周到、细致”的具体表现。此外，日本企业的一线建言制度、小集体质量管理制度等都是建立在这种“周到、细致”的基础之上。

此外，日本旅馆和餐饮业中的“待客之道”也正是基于这种“周到、细致”。日本人会去钻研，该如何为顾客提供更好的服务。

我们在感叹日本社会物质基础发达的同时，也应该充分认识到其背后有着一群“周到、细致”的服务人员在辛勤工作。就比如说，当你体验过其他国家的快递服务后，才会意识到日本快递服务的质量之高，不禁感叹道：“还是日本好啊。”

日本在疫情防控中取得“奇迹般成功”的背后，与日本强大的产业基础密不可分。这一点意义重大。凭借这一点，日本有在后疫情时代进一步增强国际竞争力的潜力。日本社会的高质量已使其具备了航行在“月夜的大海上”的基本条件。

日本的巨大潜力：高质量的微观经济

日本社会的另一个巨大潜力，也是日本可以航行在“月夜的大海上”的又一理由，在于其高质量的微观经济。

在过去的30年里，日本身负巨额国债（政府债务）、经济发展停滞、金融政策玩火……或许“经济的高质量”听起来像个笑话。

确实，从宏观经济的角度来看，日本经济的表现不尽如人意。然而，从微观层面来看，有许多现象表明日本经济具有非常高的质量，只是这种潜力并未得到有效利用。宏观经济学中有“合成谬误”一说，讲的就是高质量的微观经济在宏观层面来看可能就是低质的。

从微观视角出发，我想指出日本经济高质量的一个侧面：以低价就能得到高品质的产品和服务，人们的生活质量非常高。高品质与低价格可以同时实现，由此还带来了人们生活质量的提升，这正是日本企业应当加以利用的潜力。

来日本的外国人可以明显感受到，在日本以较低的价格就可以获得非常优质的服务和产品。这一现象并非自2022年日元贬值以来才出现，而是早已存在了相当长的一段时间。

最近的日元贬值更是加剧了这种现象，尤其是2023年疫情缓解后，来自欧美的游客肯定深有感触。但我想再强调一下，这并不是近期才出现的现象，而是早已存在。

以我个人的经历为例，我儿子一家住在荷兰。过去20年里他们每年都会回日本一次。每次再回荷兰时，他们都会从日本带去一大堆东西。相同品牌的运动鞋，在日本就比在荷兰的价格低很多。

比较“巨无霸指数”也能清晰地反映日本价格之低。巨无霸指数是英国《经济学人》杂志每年发布2次的一个国际比较指数，显示世界各地麦当劳出售的巨无霸汉堡的价格（同样的产品，但因地区或品质不同稍有差别）。

根据2023年1月的数据，日本的巨无霸汉堡价格为410日元[⊖]，在54个调查国家中（换算为美元）排名第41，价格相对低廉。

美国的巨无霸汉堡比日本贵70.1%，而欧元区则贵41.8%。如此巨大的差距，显然不是由于近期的日元贬值造成的。与亚洲其他国家相比，韩国的巨无霸汉堡价格比日本贵25.9%，中国的巨无霸汉堡也比日本贵12.3%。

高品质与低价格使得日本人的生活质量在国际上处于较高水平。这种高生活质量无疑体现了日本经济的潜力，

⊖ 约合19元人民币。——译者注

尤其是对于提升日本的海外吸引力（最典型的就是入境游）具有重要意义。

可能正是这个原因，有人指出，日本Z世代[㊀]的年轻人几乎没有人愿意走出国门。与世界其他国家相比，生活质量更高、更安全的日本才是温柔乡，外国对他们的吸引力并不强。

这种高生活质量也可以解释为日元在海外的购买力较低。在海外使用日元很难获得高质量的生活。但从另一个角度来讲，它也反映了日本国内价格的低廉，这实际上意味着日本的产品和服务在海外市场的扩张潜力非常高。

日本的潜力就是“优质且便宜”的产品和服务。在此基础上制定有效的企业战略（以出口和入境游为中心）会是日本未来发展的出路。“优质且便宜的日本”与20世纪高速增长期时“便宜没好货”的日本产品形象截然不同，现在的日本同时兼具高质量与低价格，具有惊人的潜力。

同时兼具高质量与低价格的根源，正在于日本社会的高质量——“周到、细致”的文化传统。日本人在企业活

㊀ 通常是指1995年至2009年出生的一代人。——译者注

动中的“周到、细致”，使得以低价提供高质量的产品和服务成为可能。

进一步说，什么样的经营模式才能引导员工拿出“周到、细致”的态度呢？那就是员工主权的经营。这种“周到、细致”只有在员工半自觉、半主动的情形下才有意义。当员工认为企业认可他们的行为，企业在以员工为中心进行经营时，他们才会觉得做到“周到、细致”是理所当然的。

一旦员工主权的经营原则开始了随波逐流，这种“周到、细致”的社会基础就面临着崩溃的风险。

对经营者的期待

企业经营者承担着修建“象牙船”、划好“银桨”，以及在“月夜的大海上”航行的责任。领导一家企业的经营者可谓身负重任。

为了履行好责任，我对他们的期待有三：

- 学会思考宏大战略。
- 学会思考经营原则。
- 提升自身素养。

学会思考宏大战略是修好“象牙船”的必要条件。这要求经营者以高远的志向（因此称之为“宏大”）来考虑“组织现状定位”和“未来发展方向”两个基本问题（我在拙作《经营学是什么》中详细分析了如何从这两个角度来思考企业战略）。

要展开讲这一点需要花费很大篇幅，因此我仅简单地谈一谈核心要点。“组织现状定位”和“未来发展方向”是多数企业都必须要思考的问题。

在评估企业现状时，思考与竞争对手的战略性差异至关重要。换句话说，就是不要陷入与竞争对手的同质竞争。

正如我在前文提到的，日本的潜力在于同时实现了高品质与低价格。可换一个角度来看，你也可以说，尽管日本企业能提供高品质的产品和服务，却卖不出高价。其原因就在于日本企业之间的同类竞争非常激烈。由于缺乏明确的差异性，企业常常陷入价格竞争，导致了价格的下滑。

从倒逼企业维持效率这个方面来讲，这种激烈竞争还是具有一定的意义，但更多的还是负面影响。对多数日本企业来说，需要转换赛道，通过差异化来追求商品的高价格。

经营者在思考企业的未来发展方向时，最重要的一点，就是本书中已经重复提到过多次的进行大规模投资。设备投资、研发投资、海外投资、创新投资……落实各类投资非常重要，只有这样企业未来的成长才有希望。在目前的情况下，过度重视股票分红显然是不可取的。

我对于经营者的第二个期待是要“**学会思考经营原则**”，这对于划好“银桨”非常重要。甚至是在准备“银桨”时，这样的思考就能发挥巨大作用。更具体地说，就是在环境与原则的乘法公式中，学会思考原则的内涵。

经营方式＝环境 × 原则

经营者必须学会总结一直以来自家企业究竟有什么样的经营原则，同时还应深思对员工的态度，思考本书的核心问题——员工主权原则。

在思考经营原则的过程中，对多数经营者的共同挑战是如何将原则与环境进行乘法运算。如果在思考时缺乏这种能力，即便原则再完美，最后也不适用于企业的具体事务。如果实践没有效果，那原则性思考也就可以说意义不大。

这种乘法能力只有通过反复尝试将不同的环境与原则相组合，才能够培养出来。

正如我在第 6 章提到的，基恩士公司非常重视原则。

基恩士的经营层能够根据所处环境的变化不断改变符合自身原则的经营方式。基恩士就是一家擅长将环境与原则相结合的公司。

我对经营者的第三个期待是要**提升自身素养**，要磨炼自己在“月夜的大海上”航行的基本操作能力。

受篇幅所限，这里我无法对经营者的素养展开过多讨论，但我想提几个要点。

经营者所需的素养，**主要包括决策能力和领导能力两种**。

决策能力取决于个人思维的广度和内心的包容度。

至于领导能力，我认为法隆寺的栋梁[一]西冈常一的名言准确地指出了要点：

“百工有百念，若能归其如一，方是匠长的器量，百论止于一者即为正。”（西冈常一《树之生命木之心　天卷》）

这里的“匠长”指的是栋梁，而“百工”则是指普通工匠们。栋梁能够统一工匠们各自的想法（百论），这就是栋梁能力（器量）的体现。“百论止于一”，在“止”的上面加一个“一”，正是汉字的“正”。

我期待着日本企业的经营者们以及可能在将来成为日

[一] 栋梁是日本宫殿木匠中的最高级别。——译者注

本企业经营者的人们能磨炼出这样的素养，更希望他们可以以此为目标，培养下一代的经营者。

事实上，在“失去的三十年”里，由于原则的随波逐流和对投资的限制，日本企业并未形成磨炼经营者素养的条件。为了提升经营者的素养，如前文所强调的，“通过扩大投资激活人才逻辑”是非常重要的路径之一。

然而，遗憾的是，日本企业现任的经营者以及未来的接班人，他们职业生涯的大部分时间都生活在“失去的三十年”里，因此他们中的很多人可能完全意识不到“失去的三十年”所带来的负面影响。

因此，**我希望日本企业能有意识地去激活人才逻辑，果断做出大规模的投资决策，为提升现在和下一代的素养而航行**。

不过，换个角度来看，正因为他们意识不到“失去的三十年”带来的负面影响，因此他们还有很大的成长空间。我对此充满了期待。

如果说忘记了歌唱的金丝雀只是在短暂休息，那么等它休息好了，它的歌声一定会更加嘹亮。我想正是出于这个原因，歌词中才会不断地重复“不行，不行，那样万万不行”吧。

后　记

通常，一本书校对完后，心里都会有一种如释重负的感觉。然而，这本书校对结束后，我虽然也松了一口气，但在内心深处却有一种莫名的失落感。

这并不是因为本书的工作结束了才产生的失落感，而是因为我看到了日本企业在随波逐流中失去了太多宝贵的时间，才感到失落，或者说是感到“可惜”。

日本企业应该可以创造出更好的日本。

这种失落感在序言的标题“日本企业经营中的种种弊端”和序言最后一节的小标题“非常可惜”中都有所体现。

我曾写过许多关于日式经营的书籍，但从未像本书一样正面地批评过日本企业。不过，批评只是一方面，我更多地还是想借由此书为日本企业摇旗呐喊，“日本企业加油！”

本书中，我直截了当地批评了日本企业，我深感已经到了不得不提出意见的时候了。通过大量的数据和对经营理论的深思，我提出了自己心中的不满。

长期的限制投资、犹豫不决会导致怎样的恶果？那些短期内看似有利可图的经营行为，是否会产生意想不到的后果？我的批评围绕这些问题展开。

近来，有许多人为日本经济增长的低迷感到惋惜，宏观经济学者常常将原因归结于日本政府的经济政策不当。然而，日本经济增长低迷的根本原因，难道不是日本企业在投资上的严重不足吗？难道不是日本企业经营模式的转变吗？

日本企业将资金用于回报股东、限制投资，这真的能够实现企业的成长吗？没有企业的成长，经济又何谈发展？这就是本书想要表达的中心思想，在这一点上我对日本企业提出了不满。

但我的本意还是想通过这种建设性的批评为日本企业摇旗呐喊。因此在终章，我写到了要重新回忆起被遗忘的乐章，表达了对日本企业经营者们的期待。或许我有些天真，但日本企业的未来确实寄托在这些经营者身上，我真心希望他们能够看清未来。

在看清未来的基础上重新进行大规模的战略布局，我认为并非不可能。放眼世界，如今的日本是一个非常“异常”的国家，但我觉得可以将异常转化为机遇。

一个“异常”是，日本产品和服务的高质量与低价格并存，这使得日本的生活水平“异常”高。

在这种情况下，来日本的外国游客会感到高兴，而日本人出国旅行时则会感到失望。这种“异常”并不仅仅是因为日元贬值，还是在“随波逐流”的30年里，日本人仍然勤勤恳恳认真工作的结果。

另一个“异常”是，日本在全球获得的好感达到了前所未有的高度。

因经济扩张而引发贸易战的日本、抢夺他国工作岗位的日本、在世界各地傲慢自大的日本……尽管这些并非都是事实，但在很长一段时间里，世界都对日本有着这样的刻板印象。但如今，日本人的友善、温和与待客之道在世界各地都广受赞誉。尽管近期（2023年10月）有报道称，日本的GDP已被德国超过，跌至世界第四，但塞翁失马，焉知非福，这反而加速了世界对日本好感度的提升。

这种“异常”可能正是日本迈向美好未来的积极

因素。日本企业经营者应将其作为企业国际化发展的基础。

除此之外，正如书中所述，在随波逐流的30年中日本企业也积累了许多的成长潜力。

加油，日本企业！

伊丹敬之